PUBLICATIONS DE L'ÉCOLE DES LETTRES D'ALGER
BULLETIN DES CORRESPONDANCE AFRICAINE

NOTICE

SUR LA

CARTE DE L'OGÔOUÉ

PAR

E. CAT

PARIS
ERNEST LEROUX, ÉDITEUR
28, RUE BONAPARTE, 28

1890

PUBLICATIONS DE L'ÉCOLE DES LETTRES D'ALGER

BULLETIN DE CORRESPONDANCE AFRICAINE

I

ANGERS, IMPRIMERIE ORIENTALE DE A. BURDIN ET Cie

NOTICE

SUR LA

CARTE DE L'OGÔOUÉ

PAR

E. CAT

PARIS
ERNEST LEROUX, ÉDITEUR
28, RUE BONAPARTE, 28

1890

AVANT-PROPOS

En comparant les nombreuses cartes du bassin de l'Ogôoué, originales ou de seconde main, nous avons été vivement frappé des divergences et des contradictions qu'elles présentent. Les noms portés sur les unes ne se retrouvent pas sur les autres ; le cours du fleuve est tracé différemment ; les positions en latitude, et surtout en longitude, sont comme flottantes. Constater ces divergences et en rechercher les causes ; en l'absence de données d'une certitude absolue, exposer les raisons qui font incliner vers telle ou telle hypothèse ; en un mot, chercher à établir une carte géographique de l'Ogôoué, tel est le travail que nous avons fait pour notre bienveillant auditoire de l'École des lettres d'Alger. Il nous a paru qu'il n'était pas demeuré complètement stérile, et c'est ce qui nous a décidé à le publier, bien qu'il ne soit qu'un fragment d'une étude d'ensemble sur le bassin du Congo. Il pourra du moins, comme le coup d'œil que le voyageur jette parfois derrière lui, servir à mesurer les efforts déjà faits et le chemin parcouru. Que si, par surcroît, il provoquait quelque complément d'informations de la part de ceux qui ont eu l'heur et le péril d'explorer le fleuve, que s'il fournissait une indication utile pour les recherches futures, ce serait pour l'auteur un bonheur suprême, et comme une récompense à peine espérée.

Alger, fin février 1888.

DOCUMENTS

Les principaux documents utilisés pour l'établissement de cette carte sont :

1° *Explorations de Du Chaillu*, 1857-1859 et 1863-1865, d'après le compte rendu très complet des Mittheilungen, de Petermann, année 1872, p. 7-10 avec carte et p. 49-51.

2° *Exploration de Serval*, 1862. — Exploration du fleuve Ogowai, côte occidentale d'Afrique, relation de Griffon du Bellay, dans la Revue maritime et coloniale, année 1863, tome IX, p. 66-89 et 296-309, et Rapport de Serval sur la reconnaissance d'une des routes qui mènent du Rhamboé à l'Ogowai, ibid, p. 309-315. Les deux relations sont accompagnées d'un croquis.

3° *Expédition de Génoyer*, 1864, du Bogoé à l'Ogoué. — Nous ne connaissons ce voyage que par ce qui en est marqué sur la carte des possessions françaises de l'Afrique équatoriale, dressée par M. de Kertanguy, dans le Bulletin de la Société de géographie de Paris, année 1869, fasc. de juin. Nous ne croyons pas d'ailleurs que la relation en ait été publiée.

4° *Expédition d'Albigot et Touchard*, 1864, sur l'Ogôoué, d'après la même source que le voyage de Génoyer.

5° *Voyages de Walker*, 1866, sur l'Ogôoué et le Nyounié, d'après les Mittheilungen, de Petermann, 1872, p. 51-57.

6° *Explorations de Aymes*, 1867 et 1868, d'après : Exploration de l'Ogoway, Afrique occidentale, avec un avant-propos par le contre-amiral Fleuriot de Langle, dans la Revue maritime et coloniale, avril 1870, p. 525-561 et mai, p. 51-73, avec une carte. Il y a un résumé du même rapport dans le Bulletin de la Société de géographie de Paris, juin 1869.

7° *Marquis de Compiègne*, avec *Marche*, 1873-1874, récit intitulé : *L'Afrique équatoriale, Okanda, Bangouens, Osyeba*, avec une carte de l'Ogôoué de Sam-Quita jusqu'au confluent de l'Ivindo. Paris, in-18, 1878.

8° *Duboc, 1874. Note sur un croquis hydrographique levé en 1874 dans l'Ogôoué*, dans le Bulletin de la Société de géographie de Paris, année 1884, p. 110-126, avec une carte.

9° *Les lettres, rapports et notes de M. S. de Brazza*, épars dans le Bulletin de la Société de géographie de Paris, années 1876-1886, dans la Revue maritime et coloniale, année 1883, et dans le recueil publié par M. Ney, Paris, 1887. La relation d'ensemble, qui a commencé de paraître dans le Tour du monde, 2ᵉ semestre 1887, s'arrête à l'arrivée chez les Adoumas dans l'expédition de 1876. Elle ne contient que peu de renseignements géographiques nouveaux. Nous espérons toujours qu'un grand ouvrage, d'un caractère vraiment scientifique, sera écrit par M. de Brazza ou quelqu'un de ses collaborateurs.

10° *Le rapport de M. H. de Bizemont*, sur les observations de M. de Brazza (feuilles 1, 2, 3, 4, 5, 6, 9, 10 et 11) dans le Bulletin de la Société de géographie de Paris, avril 1877, 417-422.

11° *Tenaille d'Estais : Relation d'un voyage à pied du Rhamboé au lac Azingo et à l'Ogôoué* (sept. 1882), dans la Revue maritime et coloniale 1883, août, p. 241-272, avec croquis.

12° *Dutreuil de Rhins : Cartes provisoires de l'Ogôoué* au $\frac{1}{80\,000}$ et $\frac{1}{520\,000}$ publiées par le Ministère de l'Instruction Publique, 1884.

13° *Les levés de M. Mizon*, fleuve Ogôoué (Lebagni), entre la rivière Lolo et la rivière Passa, avec partie des rivières Passa et Liboumbi, au $\frac{1}{100\,000}$ et itinéraire de l'Ogôoué à l'embouchure du Ngongo, au $\frac{1}{500\,000}$, avec notice explicative dans le Bulletin de la Société de géographie de Paris, 1886, 4ᵉ trimestre.

14° *Les travaux de la Mission Rouvier* : 1° Note sur la construction des cartes levées par M. le capitaine de frégate

Ch. Rouvier, pendant le cours de sa mission au Congo, 1885-1886 (avec un index des cartes), dans les Annales hydrographiques, 2° semestre 1886, p. 501-519. 2° Carte du Congo français, dressée en 1887, par ordre de M. le secrétaire d'État de la marine et des colonies, par M. Ch. Rouvier, capitaine de frégate, d'après les explorateurs français et étrangers ; n° 10,010 du service hydrographique. 3° Itinéraire de Diélé à Franceville, février 1886, d'après les travaux de MM. Ch. Rouvier, capitaine de frégate, et Pleigneur, capitaine d'infanterie de la marine, n° 10,014. 4° Madiville, Bôoué, Aschuka, n° 10,024. 5° Obumbis, Apingis, N'Djolé, n° 10,025.

15° *Le croquis de la rivière Ogôoué, levé principalement par Aymes*, avec corrections en 1870, 1873, 1876, 1878, et déc. 1885, 2 feuilles, n° 2792 et 2793 des cartes de la marine française.

16° *La carte de la marine française*, n° 3189, delta de l'Ogôoué, lagunes du Fernand Vaz et du Mexias, *levé en 1870 par M. Lebas*, avec corrections en 1877, 1878, 1880 et déc. 1885.

Nous avons eu en outre sous les yeux *la carte de M. de Kertanguy* (Bulletin de la Société de géographie de Paris, 4° trimestre 1869), *l'excellente esquisse de M. Lannoy de Bissy* (San-Salvador), *les cartes de M. Hanssen* dans les Bulletins de la Société de géographie de Paris, et celle d'ensemble qui accompagne les levés de M. Dutreuil de Rhins, *la carte du Congo français du commandant Koch, la carte générale d'Afrique d'Habenicht* (2° édition), *la carte de l'amirauté anglaise*, n° 604.

DES POSITIONS

Les observations astronomiques de lat. et de long., première trame solide d'une carte exacte (la seule même qui mérite confiance pour les grandes régions, encore peu explorées), n'ont pas été faites en très grand nombre dans le bassin de l'Ogôoué ; pour plusieurs même de celles qui ont été données, on ne sait pas quelle est leur valeur réelle, car les moyens de contrôle font défaut. Parmi ces moyens de contrôle, il en est un qui nous manque forcément; c'est celui qui résulterait de la multiplication très grande des points d'observation et de leur rattachement par des triangles géodésiques. En l'absence de cette confirmation des positions observées les unes par les autres, il est du moins regrettable que la plupart des observateurs ne nous fournissent aucun renseignement sur le mode et la marche de leurs opérations. Ce serait une excellente chose qu'on s'habituât à donner ces détails, comme l'ont fait MM. Mizon, Rouvier et quelques autres dans les Annales hydrographiques, comme le font aussi presque tous les voyageurs de la Société africaine d'Allemagne, dont les notes de carnet sont publiées dans les Mittheilungen de la Société. Puisque nous en sommes à ces regrets qu'éprouve le géographe de n'avoir que des documents incertains, disons aussi combien il serait à souhaiter que les explorateurs indiquassent, avec précision et toujours, les heures de départ et d'arrivée dans les lieux d'étapes, la nature du terrain parcouru et la vitesse probable de la marche, la direction suivie[1].

A priori nous avons considéré comme suffisamment exactes les positions suivantes, déterminées par des officiers de marine ou des voyageurs à qui l'usage des instruments était familier :

Niongo	1° 9' 0" lat. S. et 7° 3' 0" long. E.	(Aymes 1867.)
Barre du Fernand Vaz	1° 21' 15" lat. S.	(Aymes 1868.)
Orovi	1° 2' lat. S. et 7° 34' long. E.	(Aymes 1867.)
Lambaréné	0° 42' 23" lat. S	(de Brazza 1876.)
Alégoma[2]	0° 39' lat. S. et 8° 15' 46" long. E.	(Aymes 1867.)

1. Nous savons fort bien que des accidents de voyage de mainte sorte expliquent presque toujours ce manque d'indications précises. Mais nous ne pouvons nous empêcher de répéter, après beaucoup d'autres, que noter ces renseignements serait une bonne habitude, facile à prendre, comme celle de remonter sa montre tous les jours à peu près à la même heure. La Reconnaissance au Maroc, par M. de Foucauld, est un modèle en ce genre.

2. On remarquera, en ce qui concerne la latitude, que les points Lambaréné observé par de Brazza, et Alegoma observé par Aymes, se contrôlent l'un l'autre. Lambaréné est en effet à deux mille environ au sud d'Alegoma, ce qui répond bien à la différence de 2' 30" entre les chiffres des deux observateurs.

Zoracotcho (île)[1] . . . 0°27' lat. S. et 8°16' long. E. . . . (Aymes 1867.)
N'Jolé (psole) . . . . 0°7'40"? lat. S. et 8°25'15" long. E. (Rouvier 1885.)
Apingis . . . . . 0°4'40" lat. S. et 8°52'10" long. E. (Rouvier 1885.)
Lopé . . . . 9°17' long. E. . . (de Brazza 1876.)
Booué . . . . . 0°5'20" lat. S. et 9°34'30" long. E. (Rouvier 1885.)
Rivière Djilo . . . . 0°43'55" lat. S. et 10°7'37" long. E. (Mizon 1882.)
Kangié[2] . . . . 10°12'30" long. E. (de Brazza 1876.)
Miocho . . . . . . 0°36'46" lat. S. . . . . . (Mizon 1882.)
Bérélemandjango . . . 0°47'47" lat. S. . . . . . . (Mizon 1882.)
Djoumba (Moschebos) . 0°48' 6" lat. S. . . . . . (de Brazza 1876.)
Chute de Boundji[3] . . 0°47'47" lat. S. et 10°20'17" long. E. (Mizon 1882.)
Monbenda . . . . . 0°51' 2" lat. E. . . . . . (Mizon 1882.)
Madiville. . . . . 0°48'40" lat. S. et 10°22'20" long. E. (Rouvier 1885.)
Nghemé[4] . . . . 10°23'50" long. E. (de Brazza 1876.)
Bélélé. . . . . . 0°47'10" lat. S. . . . . . . (Mizon 1882.)
M'bomo Doumalahoumba 0°48'47" lat. S. et 10°35'35" long. E. (Mizon 1882.)
Doumé (Malemba) . . 0°56' 8" lat. S. . . . . . (Mizon 1882.)
Doumé (palmier)[5] . . 0°50' 8" lat. S. . . . . . (Mizon 1882.)
Mopoko . . . . . 1°18'22" lat. S. . . . . . (Mizon 1882.)
Mopoko . . . . . 1°18'22" lat. S. et 10°59'20" long. E. (Rouvier 1885.)
Balla (Andjiani) . . 1°14'45" lat. S. . . . . . (Mizon 1882.)
Douma Malongo . 0°59'14" lat. S. . . . . . (Mizon 1882.)

1. De Brazza, en 1876, fit des calculs de longitude dans une île, à mi-chemin de Lambaréné à Samquita, et qu'il ne nomme pas ; ce doit être Zoracotcho ; il la place à 13'51" à l'ouest de Lambaréné, ce qui paraît inadmissible. Nous n'avons pas non plus admis la longitude qu'il attribue à Samquita, 19' à l'est de Lambaréné. Nous en dirons plus loin les raisons.

2. De Brazza donne pour la longitude de Kangié 56'30" à l'E. de Lopé, soit 10°13'30". M. Mizon, d'après l'estime à la boussole et en s'appuyant sur l'observation faite à la rivière Djilo, trouve pour le seuil Mikengé (le Kangié de Brazza) la longitude de 10°11' environ, ce qui confirme l'observation de de Brazza.

3. De Brazza, en 1876, avait trouvé pour la longitude de Boundji 59' à l'E. de Lopé, soit 10°15'. Sur la carte, nous en avons tenu compte, et nous avons placé Boundji par 10°17'30", moyenne entre le chiffre de de Brazza et celui de Mizon.

4. Nghemé étant un peu à l'est de Madiville, on voit que les observations de de Brazza et de Rouvier s'accordent ici admirablement.

5. De Brazza avait trouvé pour la latitude de Doumé 0°56'3" S. ; nous avons préféré le chiffre un peu différent de Mizon, qui résulte de plusieurs observations.

Franceville[1]	. 1° 36′ 50″ lat. S. et 11° 14′ 20″ long. E.	(Rouvier 1885.)
N'Guia	. 1° 29′ 30″ lat. S. et 11° 37′ 15″ long. E.	(Rouvier 1885.)
N'Gaya	. 1° 35′ 40″ lat. S.	(Rouvier 1885.)
Akou	. 1° 39′ 50″ lat. S. et 12° 0′ 0″ long. E.	(Rouvier 1885.)
Olendé	. 1° 41′ 12″ lat. S.	(Mizon 1882.)
Ngadi	. 1° 47′ 36″ lat. S.	(Mizon 1882.)
Youbi	. 1° 53′ 58″ lat. S.	(Mizon 1882.)
Mbendja	. 1° 57′ 30″ lat. S.	(Mizon 1882.)
Lendoui	. 1° 57′ 13″ lat. S.	(Mizon 1882.)

Dans la région parcourue par le Ngounié, principal affluent de l'Ogôoué, et par ses tributaires, un certain nombre de positions ont été déterminées astronomiquement par Du Chaillu. Nous les considérons comme bonnes, car dans ce second voyage en ce pays, 1864-1865, l'audacieux pionnier s'est montré très soucieux d'exactitude et au surplus aucun explorateur n'a depuis visité ces contrées; ce sont les positions suivantes :

Olenda	. 1° 44′ 22″ lat. S. et 8° 10′ 33″ long. E.
Dibau	. 1° 21′ 3″ lat. S.
Mandschi	. 1° 16′ 26″ lat. S.
Mayolo	. 1° 51′ 14″ lat. S. et 8° 40′ 28″ long. E.
Mouendi	. 1° 51′ 10″ lat. S. et 8° 54′ 27″ long. E.
Mokaba	. 1° 58′ 29″ lat. S. et 9° 1′ 42″ long. E.
Igoumbié	. 1° 59′ 22″ lat. S. et 9° 5′ 0″ long. E.
Yengoué	. 2° 9′ 49″ lat. S.
Mokenga	. 2° 1′ 2″ lat. S.
Nieinbouai	. 1° 58′ 54″ lat. S. et 9° 36′ 9″ long. E
Mongon	. 1° 56′ 45″ et 9° 43′ 28″.

Walker, dans son voyage de 1866, avait trouvé les positions suivantes :

Bialié	. 0° 31′ lat. S. et 8° 20′ long. E.

1. Franceville est, d'après Mizon, par 1° 38′ 01″ latitude S. et 11° 14′ 0″ longitude E. (longitude d'après les hauteurs simultanées de Saturne et de la Lune, chiffre rejeté par Mizon, pour celui de 11° 11′ 40″ donné par l'observation d'une éclipse d'un satellite de Jupiter). On voit combien les travaux de MM. Mizon et Rouvier concordent heureusement, sur tout le cours supérieur

Pointe Fétiche. . . . 0° 37' lat. S. et 8° 20' long. E.
Chutes du Ngounié . . 0° 59' lat. S. et 8° 45' long. E.
Obindji . . . . . . 0° 40' lat. S. et 8° 55' long. E.
Odoungou . . . . . 0° 5' lat. S. et 9° 0' long. E.

Les deux premières positions sont d'accord à cinq ou six milles près avec la longitude du fleuve dans cette partie de son cours, telle qu'elle a été déterminée par Aymes; elles sont très près de la vérité [1]; il en est probablement de même de celle des chutes Samba, sur le Ngounié, car Walter était alors au début de son voyage et ses instruments étaient sans doute encore en bon état. Mais nous ne saurions admettre, du moins pour la longitude, les positions de Obindji et de Ndoungou, qui sont beaucoup trop à l'est [2], comme le démontrent les travaux de la mission Rouvier. Nous ne savons pas comment Walter a obtenu ces chiffres de longitude; c'était dans les derniers jours du voyage et le chronomètre pouvait être dérangé.

Enfin nous devons à Tenaille d'Estais cette indication que le lac Azingo, au nord de l'Ogôoué, s'étend en longitude entre 7° 40' et 7° 55' E. Ce renseignement n'est pas très d'accord avec le levé du lac, figuré sur la carte de la marine française n° 2793 et qui est dû au lieutenant de vaisseau Minier. Mais comme nous n'avons aucune indication sur les opérations de cet officier, comme nous ignorons s'il a fait des observations de latitude ou de longitude, nous nous voyons forcé d'adopter provisoirement la donnée de Tenaille d'Estais.

de l'Ogôoué. Les observations de M. de Brazza en 1876 avaient été aussi fort exactes et elles viennent sur plusieurs points à l'appui du tracé de M. Mizon.)

1. Nous les porterons sur notre carte à 4 minutes plus à l'ouest, pour qu'elles concordent bien avec les observations de Aymes.

2. On remarque d'ailleurs que Walker a dû commettre, même dans ses premières observations, une erreur en longitude de cinq ou six milles trop à l'est. Cette erreur initiale a dû s'accroître un peu; c'est ce qui explique sa différence d'une douzaine de milles avec les observations Rouvier. Nous avons cru convenable de tenir compte de l'erreur initiale dans la position que nous donnons aux chutes du Ngounié; nous les avons placées par 8° 40' au lieu de 8° 45'.

TRACÉ DU COURS DU FLEUVE

Delta. — Le delta de l'Ogôoué fut à peine aperçu par les anciens navigateurs, et Bodwich, en 1817, en donna le premier quelques renseignements exacts qu'il avait recueillis de la bouche des indigènes du Gabon; l'attention sur ce point ne fut vraiment éveillée que par les voyages de Du Chaillu, de 1857 à 1859. Depuis, des levés, des reconnaissances, des sondages de rivières ont été exécutés en grand nombre par nos officiers de marine, et il semble qu'après les travaux de Serval, Aymes, Hedde, Lebas, Duboc et d'autres, il doive rester peu de desiderata. Pourtant il est loin d'en être ainsi.

Une des premières causes d'incertitude est que l'aspect du pays change d'année en année, par les apports d'alluvions; il varie même suivant les saisons, et selon que les crues sont plus ou moins fortes. Là où des observateurs ont vu une nappe d'eau, d'autres n'ont plus trouvé qu'une mince rivière ou même la terre ferme[1]. Cette contrée à demi noyée, où les limites des terres et des eaux sont encore indécises, est de celles dont la carte est toujours à refaire.

Si cela n'était vrai que pour la profondeur et la largeur des rivières, pour la plus ou moins grande surface des terres émergées, le géographe n'aurait pas lieu de s'en étonner et de s'en plaindre. Ce qui est plus grave et vraiment regrettable, c'est que les traits généraux eux-mêmes n'aient pas été assurés, c'est que les positions des points saillants du littoral et des principaux bras du delta n'aient pas été déterminées avec exactitude, c'est qu'enfin, entre deux cartes publiées par la marine française, corrigées toutes deux plusieurs fois et aux mêmes époques, les cartes 2792 et 3189, il y ait une contradiction flagrante en maint endroit, sans aucune indication

---

[1]. C'est ainsi que Du Chaillu représente le Fernand Vaz, à son embouchure comme un fleuve large, il est vrai, tandis que les cartes marines marquent une lagune très vaste.

çais par M. Rouvier, ce point tombe sous le 8° de longitude est, et tout le cours du fleuve, dans cette contrée, est reporté de 16' à l'ouest par rapport aux anciennes cartes.

Bien qu'une observation de M. de Brazza paraisse confirmer ce tracé[1], nous ne pensons pas qu'il soit exact. Voici nos raisons : 1° Il est assez difficile d'admettre qu'un officier de marine aussi expérimenté que Aymes ait commis une erreur de 16 minutes, et, son voyage ayant été relativement facile, il ne paraît pas vraisemblable que les instruments fussent dérangés. — 2° A peu de distance de là, à l'île de Zoracotcho, qui est sensiblement sous le même méridien qu'Alegoma, une autre observation lui donnait 8° 16' de longitude est. Ces deux positions semblent donc se contrôler, à moins que l'on admette que Aymes se soit trompé deux fois, et d'une quantité constante trop à l'est (ce qui est possible du reste, si la longitude a été déterminée par le transport du temps). — 3° Tenaille d'Estais, dans un voyage par terre, de l'extrémité orientale du lac Azingo, qui est, suivant ses observations, par 7° 55' de longitude est, mit deux jours pour arriver à la mission d'Ebenvoul, à quelque distance en aval et à l'ouest de Lambaréné. Si ce dernier point était par 8° comme le place la carte du Congo français, Ebenvoul serait à peu près par 7° 58' ou 7° 59' et Tenaille d'Estais, en deux jours, n'aurait fait que trois ou quatre milles, de 6 à 7 kilomètres. Cela me paraît inadmissible, car le voyageur nous dit avoir été à marches forcées. Au contraire, avec la position d'Alegoma par 8° 16', comme l'indique Aymes, c'est-à-dire Ebenvoul par 8° 14' l'explorateur, en deux jours, aurait fait 19 milles en ligne droite ou 33 kilomètres, ce qui évidemment ne saurait être considéré comme exagéré, même si on tient compte des détours et des difficultés de la marche. — 4° Enfin Walker donne

---

1. M. de Brazza a trouvé pour la longitude de Lambaréné 7° 45' 49"; mais M. de Bizemont fait observer que les chronomètres n'ayant pas été réglés au départ du Gabon, il est très difficile d'admettre l'exactitude de cette observation; si elle était exacte, on aurait droit de s'étonner de l'erreur si grave commise par Aymes au sujet d'Orovi et d'Alégoma.

pour le confluent du Ngounié et de l'Ogôoué, très près au nord-est d'Alegoma, la longitude 8° 20'. Ce voyageur arrivait d'Angleterre, où il avait été s'initier à la pratique des observations, et chercher des instruments qui devaient être en assez bon état, à ce début de son voyage. Sa détermination vient, à quelques milles près, confirmer celles de Aymes.

Comme Lannoy de Bissy dans son excellent travail, je maintiens donc sur cette carte la position d'Alegoma par 8° 15' 46". Si je cherche maintenant pour quel motif l'auteur de la carte du Congo français l'a si fortement déplacée vers l'ouest, voici ce que je me figure. M. Rouvier a observé, on sait avec quel soin et quelle habileté, la position de N'jolé et a trouvé pour la longitude 8° 25' 15" est, c'est-à-dire beaucoup plus à l'ouest que ne le portaient les anciennes cartes. D'autre part, les levés au $\frac{1}{50\,000}$ par M. Dutreuil de Rhins, indiquent entre Alegoma et N'jolé un écart de longitude d'environ 30'. Le dessinateur, appuyant son croquis sur N'jolé puis traçant ensuite le fleuve selon la carte de M. Dutreuil de Rhins, a été amené naturellement à rejeter Alegoma très loin vers l'ouest.

Il me semble pourtant que des levés à la boussole, si consciencieusement qu'ils aient été faits, ne sauraient prévaloir contre des observations astronomiques faites dans de bonnes conditions. Aussi j'aime mieux laisser provisoirement Alegoma à la place marquée par Aymes et donner un moindre développement au cours du fleuve entre ce point et N'jolé. — Je vais expliquer pourquoi. Il y a six mois je réduisais au $\frac{1}{250\,000}$, en vue de mon cours, les cartes au $\frac{1}{50\,000}$ de M. Dutreuil de Rhins. Je fus frappé, à première vue, de la longueur du cours entre Alegoma et N'jolé, qui me sembla peu en rapport avec les récits des divers voyageurs qui ont remonté l'Ogôoué; je crus tout d'abord avoir commis quelque erreur de proportion dans le travail de réduction; je repris les mesures, mais je constatai que ma carte était bien la réduction fidèle de mon modèle. Plus tard, quand j'eus connaissance de l'Index des cartes de la mission Rouvier, quand je vis Alegoma porté au 8° de longitude est, au lieu de 8° 16′¹, je conçus l'idée que l'écart provenait de ce que M. Dutreuil de Rhins avait dû exagérer notablement la longueur du cours en aval de N'Jolé. Les recherches que j'ai faites à ce sujet n'ont fait que me confirmer dans cette supposition. Les indications de Walker, dans le récit de son excursion de 1866, sont assez peu précises; son voyage de Lambaréné jusqu'en amont de N'Jolé paraît toutefois avoir été plus court qu'il ne le serait si la carte de M. Dutreuil de Rhins était tenue pour exacte. Pour le marquis de Compiègne, il va de la pointe Fétiche à Talagogué, à quelques kilomètres en aval de N'Jolé, en deux jours et quelques heures, arrivant le troisième jour à 9 heures du matin. Or, la carte de M. Dutreuil indique, entre ces deux points, plus de cinquante milles, ce qui, en admettant six ou sept milles pour les premières heures du troisième jour, donnerait, pour les deux autres, une moyenne de vingt-deux milles par jour. C'est un chiffre qui me paraît trop élevé; dans les relations de voyages semblables, en pirogue et contre le courant, on voit que la distance moyenne parcourue en un jour ne peut guère dépasser douze ou treize milles. De Compiègne dit notamment une fois : « aujourd'hui on a pagayé avec beaucoup d'entrain et fait environ quatorze milles. » Walker, parlant d'un jour où on avait avancé de dix-huit milles, note le fait comme exceptionnel. A ces observations forcément un peu vagues, on pourrait encore joindre celle-ci ; c'est que M. de Brazza, dans son expédition de 1876, paraît bien être allé en un jour de Sam-Quita aux îles N'Jolé, points qui, sur la carte de M. Dutreuil sont éloignés de vingt-trois milles au moins, ce qui fait encore une journée beaucoup trop forte².

1. Il y a une grande différence, au point de vue de la valeur scientifique, entre la carte du Congo français de M. Rouvier et ses cartes de détail. Autant celles-ci sont précises et étudiées, autant l'autre paraît faite hâtivement. On doit regretter surtout que l'auteur n'y ait pas joint une notice semblable à celles que publie M. Lannoy de Bissy à l'appui de ses cartes. La compétence toute spéciale de M. Rouvier nous aurait valu des données intéressantes et peut-être une justification du tracé de sa carte.

2. Nous ne devons pas taire entièrement une indication qui va contre

Nous avons raisonné dans l'hypothèse que N'Jolé était bien à la place assignée par M. Rouvier, Alegoma à celle assignée par Aymes, ou au moins assez près. S'il en était autrement, toute notre argumentation tomberait; s'il était ultérieurement démontré que N'Jolé doit être reporté vers l'est d'une quinzaine de milles, le tracé de M. Dutreuil devrait être adopté; si au contraire Alegoma était déplacé de la même quantité vers l'ouest, le tracé de la carte du Congo français serait le seul exact. Mais les raisons que nous avons exposées ci-dessus, peut-être un peu longuement et péniblement, nous font croire qu'il n'en sera pas ainsi et que notre tracé se rapproche beaucoup de la vérité.

On voit du moins qu'il y aurait un intérêt scientifique à étudier à nouveau le cours du fleuve entre Alegoma et N'Jolé, principalement à fixer la longitude (par les distances lunaires de préférence) de points, tels que Lambaréné, l'île Zoracotcho, l'ancien Samquita, l'embouchure du Logo, la roche Adéké, les îles N'Jolé ou autres. Tant qu'un travail de ce genre n'aura pas été fait, la carte de l'Ogôoué dans son cours inférieur demeurera mal assurée.

COURS MOYEN, ENTRE N'JOLÉ ET L'IVINDO

En amont de N'Jolé, une autre position a été fixée par la mission Rouvier; c'est le poste de secours d'Apingis par 0° 4′ 10″ de latitude sud et 8° 52′ 10″ de longitude est. Entre ces deux points il y aurait donc, à vol d'oiseau, une distance d'à peu près 50 kilomètres; c'est celle que nous avons portée sur notre

---

notre hypothèse; c'est la place en longitude assignée à Sam-Quita par M. de Brazza, 19′ à l'E. de Lambaréné, mais il ne semble pas que les observations du vaillant explorateur, en cette région, aient été faciles et sûres; c'est ainsi qu'il y a une erreur évidente dans la longitude de l'île (Zoracotcho?) en aval de Samquita, qui serait à 19′ 51″ à l'O. de Lambaréné. Le fleuve ferait, vers l'ouest, un coude que personne n'a signalé. Nous ne pouvons tenir compte des longitudes données par M. de Brazza dans cette partie de son voyage.

esquisse. Les cartes de M. Dutreuil de Rhins la portent à 35 kilomètres seulement. Il y a donc là encore des vérifications de détail à faire, et peut-être des corrections à apporter. Pour ce qui est de la position de Booué, nous la croyons très erronée sur la carte de M. Dutreuil : elle y est à peu près par 9° 47', soit de 13' plus à l'est que la détermination de Rouvier, 9° 34'. Il eut été assez facile, même il y a quelques années, d'éviter au moins en partie cette erreur, en se servant de la position de Lopé, déterminée par M. de Brazza; elle est indiquée dans sa communication adressée à la Société de géographie le 24 janvier 1879, comme par 9° 17'[1]. M. Dutreuil de Rhins (peut-être pour des motifs sérieux que j'ignore) ne l'a point utilisée, et il place Lopé par 9° 29' environ, soit à peu près 12' trop à l'est; c'est le chiffre exact de l'erreur par lui commise pour Booué. On voit que, sauf l'erreur initiale à propos de Lopé, le tracé doit être exact; que si M. Dutreuil avait mis Lopé par 9° 17', comme l'indiquait M. de Brazza, il se serait vu forcé de placer Booué par 9° 29', ce qui n'aurait constitué qu'une différence de 5' avec la détermination de la mission Rouvier.

En amont de Booué, avec le déplacement de ce point de 13' vers l'ouest, on ne peut plus du tout, semble-t-il, admettre le tracé de M. Dutreuil. Entre Booué et la rivière Djilo (qui est, d'après les observations de M. Mizon, par 10° 07' 37') il n'y a, sur les cartes au $\frac{1}{10\,000}$, que 37 kilomètres environ, tandis qu'il doit y en avoir 61. La différence, on le voit, est vraiment notable, même pour une région africaine encore peu explorée; elle est d'une bonne journée de marche. M. Dutreuil de Rhins pourrait, mieux que personne sans doute, dire quelque chose de fondé à ce sujet. L'erreur viendrait-elle de ce que, dans

---

[1]. Je suis très frappé de ce que d'autres cartographes aussi très consciencieux, comme Hansen, Lannoy de Bissy, Habenicht, n'aient pas employé l'indication de de Brazza sur Lopé. Cette position s'encadre très bien entre celles d'Apingis et de Booué, déterminées depuis par la mission Rouvier. En mettant Lopé par 9° 17', ils auraient à coup sûr évité l'erreur assez forte que leurs cartes me paraissent contenir.

cette partie ultime de son exploration, il n'a pu apporter au levé la même attention qu'auparavant, pour une raison quelconque (maladie, difficultés très grandes de la navigation sur ce point, hostilités des Osyebas, manque de loisir, que sais-je?)? serait-ce parce que le confluent de l'Ivindo est plus à l'ouest, plus éloigné de la rivière Djilo que ne l'indiquent les cartes? Nous ne pouvons guère, pour notre part, que signaler toute cette partie du cours de l'Ogôoué à l'attention des topographes et des voyageurs. Nous ne voyons pas, du reste, qu'entre le confluent de l'Ivindo, où s'arrête l'exploration de M. Dutreuil, et celui du Djilo, où commencent les travaux de M. Mizon[1], aucun document nous fournisse une donnée précise. Les deux points sont marqués très voisins; l'intervalle est peut-être plus grand qu'on n'imagine et en tout cas il mérite d'être étudié.

Je terminerai par une dernière observation (je n'ai garde d'employer le mot critique au sujet d'une œuvre qui dénote tant d'initiative, de courage et de savoir) sur l'étude des levés de M. Dutreuil de Rhins. Sur ces levés au $\frac{1}{50\,000}$ l'Ogôoué est marqué à quelques milles au nord de l'Équateur, dans la plus grande partie de son cours moyen; je sais bien que les plus anciennes cartes le portent à peu près ainsi et le font même dépasser de beaucoup la Ligne vers le nord-est. Il est certain aujourd'hui qu'il n'en est rien, et les travaux de la mission Rouvier ont à peu près démontré que le fleuve se tient toujours à quelques milles au sud de l'Équateur. Il est du reste déjà marqué ainsi sur la carte générale de Hansen, sur celles de Lannoy de Bissy et d'Habenicht. Je signalerai à ce sujet une observation assez ancienne de Walker, dont on n'a peut-être pas tenu assez de compte. Ce voyageur, qui a vécu si longtemps dans le pays et à qui l'on doit plusieurs communications intéressantes, remarquait, dans les *Mittheilungen* de Petermann,

---

[1. Il est à remarquer que les levés au $\frac{1}{100\,000}$ de M. Mizon ne commencent effectivement qu'au confluent de la rivière Lolo (rive gauche), à quelques kilomètres plus au sud que le confluent de la rivière Djilo (rive droite).

1874, p. 427, au sujet d'une carte de l'Ogôoué par Kiepert, que le fleuve ne dépasse pas l'Equateur au nord et se tient constamment entre 5 et 10 milles au sud[1].

COURS SUPÉRIEUR DE L'OGÔOUÉ

Le cours supérieur, depuis la rivière Lolo jusqu'au confluent de la Passa, est suffisamment bien connu, et le tracé actuel ne semble pas devoir subir de modifications notables. Il est dû à l'exploration si consciencieuse de M. Mizon. Un bon nombre d'observations astronomiques (11 de latitude et 3 de longitude) forment la trame; pour le surplus, un levé du fleuve à la boussole, de pointe en pointe, et des relèvements, pris sur des hauteurs à quelque distance dans l'intérieur, assurent l'exactitude des détails. Les observations de la mission Rouvier viennent d'une manière remarquable confirmer ce tracé. C'est ainsi qu'elles donnent pour la latitude de Mopoko 1° 18' 22", exactement le résultat obtenu par M. Mizon; pour celle de Franceville 1° 36' 50", chiffre qui diffère très peu de celui de Mizon, 1° 38' 01". Pour la longitude, M. Rouvier a trouvé à Franceville 11° 14' 20"; M. Mizon, par les hauteurs simultanées de Saturne et de la Lune, avait obtenu 11° 14', mais il y a substitué 11° 11' 40" après l'observation d'une éclipse d'un satellite de Jupiter. Nous avons préféré le premier résultat, qui fait concorder très bien les observations des deux explorateurs. Pour Madiville, M. Rouvier a trouvé la latitude de 0° 48' 40" sud; ce point, sur la carte de M. Mizon, tombe exactement en cette place. En longitude il y a quelque différence, M. Rouvier observant 10° 22' 20", M. Mizon estimant

---

[1]. Nous avons plus haut, à propos du cours de l'Ogôoué entre N'Jolé et Alegoma, émis l'hypothèse que M. Dutreuil de Rhins avait fait un peu *grand*. Ne serait-ce point par la même cause d'erreur qu'il aurait fait monter tout le cours de l'Ogôoué vers le nord entre l'Ivindo et Apingis, reprenant ainsi en hauteur la place qu'il ne trouvait pas en largeur dans le sens de l'est à l'ouest.

à 10° 28'. Les observations faites par M. de Brazza nous fournissent ici un précieux moyen de contrôle; il a trouvé pour Nghemó, village à un mille à l'est de Madiville 1° 7' 50' de Lopé, soit 10° 23' 50' de long. E, chiffre qui concorde parfaitement avec celui de M. Rouvier[1]. Aussi nous avons adopté ce dernier et reporté cette partie du cours de l'Ogôoué d'environ 5' plus à l'ouest que les cartes de M. Mizon[2].

On voit, par les quelques remarques présentées ci-dessus, que le cours supérieur de l'Ogôoué est parfaitement assuré entre la rivière Djilo et Franceville; aussi les diverses cartes publiées depuis quelques années ne sont qu'une réduction de celles de M. Mizon. Nous devons toutefois signaler ici une grave erreur qui se trouve sur la carte du Congo français, et que la juste réputation de son auteur pourrait accréditer. M. Rouvier place le confluent de la rivière Djilo par environ 9° 51' au lieu de 10° 7', c'est-à-dire qu'il reporte tout le fleuve de 16' plus à l'ouest que la place assignée par Mizon. Ce nouveau tracé est certainement erroné. — 1° M. Mizon a *observé* la longitude de Djilo; on a vu ci-dessus combien ses observations sont généralement exactes. — 2° M. de Brazza a trouvé pour Kangié (seuil Mikengé de Mizon) la longitude 0° 56' 30' de Lopé, soit 10° 11', exactement le résultat obtenu par Mizon en levant le court espace compris entre Djilo et Mikengé. Il est par suite démontré que Djilo est bien par 10° 7' ou environ, et que le tracé de la carte du Congo français ne saurait être accepté.

En face des villages des Midoumbo, la rivière qui garde le nom d'Ogôoué se recourbe brusquement vers le sud, tandis

---

1. Il faut dire ici que les observations de M. de Brazza en 1876, dans le cours supérieur du fleuve, se sont toutes trouvées d'accord avec celles de MM. Mizon et Rouvier, ou avec le tracé qui résulte de ces dernières.

2. La différence de 5' 46' de longitude pour Madiville, entre M. Rouvier et M. Mizon, s'explique très bien par ce fait que ce dernier a dû, dans toute cette partie de son exploration, s'en tenir au résultat approximatif fourni par le levé à la boussole. Si on tient compte de cette impossibilité de faire des observations astronomiques, on jugera que cette différence si faible témoigne de la précision du tracé de M. Mizon.

que la rivière Passa semble continuer le cours du fleuve quelque temps vers l'est. Aussi c'est cette dernière que les explorateurs ont tous suivie pour pénétrer vers le Congo. Quant à l'Ogôoué, il n'a été reconnu que jusqu'à quelques kilomètres en amont du coude vers le sud, jusqu'à l'endroit où il est barré par les chutes Poubara. Au delà, au témoignage de M. de Brazza, il n'a plus d'importance et ne peut plus être navigué sans risques hors de proportions avec les résultats à espérer[1].

Toute cette partie du cours supérieur de l'Ogôoué à travers des plateaux élevés, n'a encore été vue par aucun voyageur européen; sur la carte, elle demeure marquée en pointillé. Mais, du moins, nous connaissons la source du fleuve; nous savons qu'il ne vient pas d'un grand lac, comme on le supposait volontiers il y a quelques années. Quand un Madouma intelligent expliquait au marquis de Compiègne, en 1874, que chez les M'bamba, l'Ogôoué n'était plus qu'un petit ruisseau dans lequel on n'avait de l'eau que jusqu'à mi-jambe, l'explorateur ne pouvait l'admettre[2]. Le rapport de cet indigène a pourtant été reconnu exact sur ce point comme en ce qui concerne la succession des tribus[3]. M. de Brazza visita, en 1882, une petite flaque d'eau qui paraît bien être la source du grand fleuve; d'après son itinéraire, elle doit être à peu près par 12° 8' de longitude est et par 2° 12' de latitude sud.

1. Revue maritime et coloniale, avril-juin 1883, p. 177.
2. Afrique équatoriale: Okanda, Bangouens, Osyebas, p. 93.
3. Il n'est pas douteux qu'avec beaucoup de patience, en multipliant à l'infini les questions, en contrôlant les assertions les unes par les autres, on puisse obtenir des indigènes beaucoup de renseignements très précieux sur des pays encore entièrement inexplorés. En 1849, le général Daumas faisait un recueil de données géographiques, intitulé le *Sahara Algérien*, dont presque toutes les indications ont été reconnues exactes par des explorations ultérieures; il avait été composé entièrement d'après des renseignements fournis par des indigènes sahariens. L'auteur, dans sa préface, a dit quelques mots sur la méthode qu'il a suivie, et que les voyageurs feraient bien de méditer.

AFFLUENTS DE L'OGOOUÉ

A quelque distance des rives du fleuve, qui est comme la grande artère de cette partie de l'Afrique, le pays est à peu près inexploré. Les affluents nombreux de l'Ogôoué ne sont, par suite, généralement connus que dans le voisinage immédiat de leur confluent. Seuls, le Passa et le Ngounié peuvent être indiqués d'une manière à peu près définitive sur les cartes; le premier a été étudié par MM. S. de Brazza, Mizon, Rouvier; le second, dans son cours supérieur, par Du Chaillu, et dans sa partie inférieure par Walker. Le Neoni, le Sebé, l'Ivindo, le Liboumbi sont aussi connus dans leurs traits essentiels[1]. Mais le Licabo, le Yolé, le Lassio, le Djilo, l'Okono, l'Obanga, sur la rive droite, le Lékélé, le Leboka, le Lolo, l'Ofôoué, le Ningoué, le Lété, l'Ovalo, le Logo, sur la rive gauche, les lacs Zilé, Evinó, etc., n'ont été aperçus que sur quelques points, et on voit qu'un champ très vaste est encore ouvert aux explorations. On doit regretter que, du moins, les voyageurs et les agents du gouvernement dans les postes de l'Ogôoué, ne nous aient fourni presque aucune donnée sur le débit des affluents, dans la saison sèche et dans la saison des pluies. On aurait pu se faire ainsi une idée juste de l'importance de ces cours d'eau et une opinion approximative sur la longueur de leur cours. Peut-être aussi serait-il possible d'obtenir à ce sujet quelques renseignements des indigènes, comme les Osyébas, les Bangouens, les M'bamba, les Adoumas, les Avoumbo. A l'heure présente, nous avons dû n'indiquer le cours supposé de toutes ces rivières que par des lignes ponctuées, réservant les traits pleins pour les rares endroits où elles ont été reconnues par des Européens.

---

[1]. Nous attendrons, pour marquer le cours de l'Ivindo, la publication du voyage du regretté J. de Brazza et de son compagnon, A. Pécile.

MONTAGNES

« L'Ogôoué, dit M. de Brazza, a le caractère d'un fleuve sans vallée ou torrent qui descend de gradins en gradins. » Les premières ondulations de terrain qu'on rencontre, en remontant le fleuve, sont des collines de 100 à 200 mètres d'altitude, se rattachant à la ligne de partage des eaux, entre le Rhemboë et l'Ogôoué; il est vraisemblable qu'elles forment comme le trait d'union entre les premières hauteurs sur les bords du Como, au nord, et les monts Aschankolos au sud-est du lac Zonenghé; elles courent du nord au sud, parallèlement au lit du fleuve. Mais quand celui-ci a repris sa direction générale ouest-est, les chaînes de hauteurs coupent perpendiculairement le lit du fleuve et le barrent de rapides, qui se succèdent à de courtes distances; ce sont d'abord, en aval de N'jolé, la roche Télagogué, la roche Adéké, le rapide de N'jolé, que l'on peut rattacher tous trois à la Sierra de Cristal au nord, aux monts Igani, N'Koumou-Nabonali et autres chaînes bordières du Ngounié, au sud; puis, en amont de N'jolé, une longue série de montagnes, orientées du nord au sud, qui relient la Sierra de Cristal aux montagnes du pays des Apingis et aux monts Aschango; des cimes comme le Kongoué, l'Otombi, le Louma, le Como, le Magoba, le Toubé, le Combikala, le Mondjiko, le Donga, paraissent atteindre des altitudes de 600 à 1,200 mètres. Quelques petites chaînes de collines encaissant le lit du fleuve, courent dans une direction contraire, c'est-à-dire de l'ouest à l'est. Enfin le cours supérieur de l'Ogôoué est bordé à droite et à gauche par des ondulations de terrain en divers sens, mais nous ne connaissons, dans ces contrées, aucun massif important, ni ne pouvons discerner un système orographique bien défini.

Les cartographes, partant de l'idée générale que les chaînes de hauteurs, dans le bassin de l'Ogôoué, sont orientées du nord au sud, ont tracé, même à travers les terres encore inexplorées, de nombreuses bandes de collines et de monts, un système complet et continu. Nous n'avons pas cru devoir suivre cet errement; nous n'avons marqué que les sommets ou les collines aperçus par les explorateurs, car des hypothèses, même très légitimes, ne doivent pas être indiquées, sur un croquis, comme des faits reconnus. Les régions non encore visitées par les Européens, nous les avons laissées en blanc; cette tache sur les cartes est de nature à appeler l'attention des voyageurs; elle frappe et attire comme l'inconnu.

NOMENCLATURE

Nous arrivons maintenant à une partie de notre travail qui est à peine moins importante que l'établissement de la carte, à l'étude de la nomenclature. Les voyageurs nous ont livré environ sept cents noms qui, évidemment, ne peuvent et ne doivent point tous trouver place sur une carte géographique; il y a donc un choix à faire. De plus, quelques-uns de ces noms sont essentiellement éphémères, comme par exemple ceux des villages. On sait que, dans l'Afrique équatoriale, les agglomérations humaines se déplacent avec une facilité inouïe; les envahissements, les guerres de tribu à tribu, un événement quelconque considéré comme surnaturel, la mort d'un personnage, une inondation, une disette, un caprice même, font émigrer les nègres. Comme les villages portent les noms des chefs, ils sont aussi exposés à en changer selon les événements. Il faut ajouter encore que les voyageurs transcrivent les appellations de manières parfois très différentes, de sorte que la nomenclature, dans le bassin de l'Ogôoué, est à vrai dire un chaos. Nous estimons qu'une note à ce sujet ne saurait être inutile.

D'abord nous avons maintenu au fleuve le même nom, depuis sa source jusqu'à son embouchure. Pour le cours supérieur, M. Lannoy de Bissy écrit *Lebagniou Ogôoué*, M. Mizon, dans la carte au $\frac{1}{100\,000}$, fleuve *Ogôoué* ou *Lebagni*, et, dans le tableau d'assemblage, rivière *Lebagni*; M. Rouvier écrit *Lebagni* ou *Ogôoué*. Je crois, pour ma part, que ces appellations sont toutes défectueuses, et que Lebagni n'est nullement un nom propre; ce serait plutôt le nom commun : rivière. J'en trouve une preuve dans ce fait, que M. S. de Brazza dit que *Lebaï Okoua* signifie rivière du sel. Or, d'après le vocabulaire de Johnston, sel, en Kongo et en Kitéké, se dit *mongoua*, et en Kiyanzi, *mokoua*; dans Lebaï Okoua, *okoua* équivaudrait à sel et *lebaï* ou *lebagni*, ou *lebagni* équivaudrait à rivière. On trouve d'ailleurs ce dernier mot appliqué plusieurs fois à des rivières dans la toponymie des pays Batéké ou Oumbeti : *Lebaï Ngouco*, affluent de l'Alima ou de la Likoualla, *Lebaï Okoua*, affluent du *Lebaï Nghié*, probablement tributaire de la Likoualla. Il y a aussi, parmi les affluents du Lebaï Ngouco, une rivière que la carte de Lannoy de Bissy mentionne sous le nom de *Leba*, qui n'est probablement qu'une autre forme de *lebaï*. Il semble donc que ce mot signifie simplement rivière, comme l'oued des Arabes[1]. S'il en est ainsi, il serait aussi illogique de dire pour l'Ogôoué fleuve Lebagni que fleuve *river* pour la Tamise, et le fleuve Lebagni Ogôoué serait aussi singulier que le fleuve *Tames river*. D'ailleurs, en écartant même cette opinion, il me paraît convenable de maintenir à la plus longue branche du bassin supérieur, le nom même du fleuve. Pour le même motif, nous avons écarté le nom *Okanda*, que les anciennes cartes et les récits des voyageurs donnaient à l'Ogôoué, dans son cours à travers le pays des Okandas et jusqu'au confluent du Ngounié.

Nous ne ferons point sur tous les noms une étude de ce genre, qui serait fastidieuse. Nous nous bornerons à en dresser deux listes alphabétiques; la première, la liste A, contiendra les noms de toutes les tribus du bassin de l'Ogôoué, mentionnées par les voyageurs; la seconde, la liste B, renfermera

---

1. M. Mizon, dans une note sur les routes du Congo (*Revue maritime et Coloniale*, 1885, vol. LXXXVII), dit que Liba ou Eliva signifie eau tranquille, masse d'eau principale; Lebagni voudrait donc dire : rivière principale; c'est bien l'oued des tribus arabes.

tous les autres noms, ceux des montagnes, rivières, localités, etc. Ceux de cette dernière catégorie, que nous avons cru devoir porter sur notre carte, seront marqués d'un astérisque. On verra sans peine les raisons qui nous ont guidé dans le choix de ceux-ci ; d'une manière générale, nous n'avons inscrit sur la carte que les noms des rivières, des montagnes, des rapides, roches immuables de leur nature, ceux des tribus, et, parmi les noms des villages, ceux-là seulement qui sont consacrés et comme fixés par des observations astronomiques, par l'établissement d'un poste français ou d'une factorerie, par un long usage et l'accord de plusieurs observateurs, par un accident de terrain remarquable. Les villages dont les noms, dans la liste B, ne sont point précédés d'un astérisque, seront, sur la carte, simplement désignés par un point rouge, sans inscription de la dénomination ; nous indiquerons, de la même manière, ceux qui sont portés sur les cartes de MM. Mizon et Dutreuil de Rhins avec la mention vague : village Aoumbo, village Osyeba, village Okanda, village Bakalais ; comme ce ne sont pas, à vrai dire, des noms propres, nous ne les avons point portés sur la liste B, mais on pourra les retrouver facilement au moyen des indications contenues dans la liste A, ou nomenclature des peuplades. Ces index montreront combien la nomenclature, dans cette région, est encore irrationnelle et défectueuse ; par la juxtaposition des diverses appellations d'un même accident géographique, ils pourront servir de documents pour une étude critique de la nomenclature ; en tous cas, ils permettront de retrouver facilement sur la carte les localités mentionnées dans les récits. Il semble que, provisoirement, il y aura lieu de se défier de l'orthographe et de l'appellation de celles qui ne sont indiquées que par un seul auteur.

INDEX

Nous nous servirons, dans cet index, des abréviations suivantes :

A = Récit de Aymes.
B = Notes, rapports et récit de S. de Brazza.
C = Récit et carte du marquis de Compiègne.
D = Carte de M. Dutreuil de Rhins.
H = Carte de Hansen, dans la *Revue Maritime et Coloniale* volume de juillet à septembre 83.
M = Cartes de M. Mizon.
R = Les cartes de M. Rouvier.
W = Le récit de M. Walker.

Pour les autres sources, nous les indiquerons en toutes lettres.

LISTE A

A

Abongo, v. Okoa.
Achira, v. Aschira.
Adouma, v. Madouma.
Adyumba ou Adjoumba, Adschoumba de Lenz, petite tribu qui a quelques villages entre l'Ogôoué et le lac Azingo ; groupe Mpongoué.
Akaniki, de Compiègne, Akanigoué de la carte de Hanssen, sont très probablement les Andjiani.
Akka ou Akoa, v. Okoa.
Akota, v. Okota.
Andjiani, sur les plateaux de la rive gauche de l'Ogôoué, en aval des chutes Poubara ; groupe Benga.

Aouangi, Bavouangi et Mavouangi de Mizon, Avounschi de Lenz, se rencontrent dans la région où le Liboumbi et le Licoco prennent leur source et s'avancent au nord jusqu'à l'Ogôoué, près de Madiville; groupe Benga.

Apingis, petite tribu, rive gauche de l'Ogôoué, près du poste de secours d'Apingis; 700 à 800 âmes, suivant de Compiègne, huit à dix villages selon de Brazza. C'est évidemment une fraction de la tribu des Apingis du Ngounié, vue par Du Chaillu; groupe Benga.

Apono, tribu du Ngounié (Du Chaillu).

Aschango, Machango de la notice de Lannoy de Bissy, tribu dans les montagnes du bassin supérieur du Ngounié et du Lolo; groupe Mpongoué.

Aschira, tribu qui habite le pays parcouru par l'Ovigi et le Louvendji, se divise en deux fractions : les *Aschira Ngozai* ou des prairies, les *Aschira Kamba* ou de la montagne, au nord-est des premiers et ayant Dihau pour chef-lieu; groupe Benga.

Aschogo ou **Ischogo,** Michogo de la notice de Lannoy de Bissy, à l'est du Ngounié et aux sources de l'Ofôoué.

Asimba, v. Cimbas.

Atziana, de de Brazza, Azana de la carte de Hansen, sur le cours de l'Ogôoué, près de Mopoko (Mopoko était le nom de leur chef, à l'époque du voyage de de Brazza, 1876). A cet endroit Mizon marque les Andjiani; ce sont évidemment deux formes du même nom. Quelle est la meilleure?

Aviia, v. Iveia.

Avouangi, v. Aouangi.

Avoumbo ou **Bavoumbo,** habitent quelques villages à l'ouest de Franceville, paraissent les mêmes que les Oundoumbos ou sont peut-être une fraction de cette peuplade.

Awanschi, v. Aouangi.

Azana, v. Atziana.

B

Bakalais, Akeli ou Okeli de Walker, Akellé de Lenz, Ba-kale, etc., tribu puissante qui occupe une longue zone, couverte de forêts et parallèle au littoral, depuis le Sette Camma jusqu'au nord du Gabon. Ils sont surtout en grand nombre sur le bord de l'Ovenga, près du confluent du Ngounié et de l'Ogôoué et entre l'Ogôoué et le Gabon. On croit qu'ils sont au moins une centaine de mille; leur langue est un idiome qui se rapproche assez du Benga mais forme un groupe à part.

Bakanigues, au sud-est de Franceville.

Bakotas, habitent sur la rive gauche de l'Ogôoué et en aval du confluent de la Passa, ainsi que sur la rive droite en amont de Doumé, sont vraisemblablement des Okotas; ils sont marqués sous ce dernier nom dans la carte de Hansen. Lenz, au contraire, nie qu'ils soient apparentés.

Bamba ou Benba, appelés aussi Mobemba, Mbemba ou Obemba, grande tribu au nord et à l'est de l'Ogôoué supérieur, s'étend aussi dans la vallée du Liboumbi et de la Loueté. « On ne sait encore, dit M. Hamy, où classer ces nègres, les plus industrieux et les plus intelligents de tout le pays. » *Comptes rendus de la Société de Géographie de Paris*, 1886, p. 412.

Bancini, près des sources de l'Ogôoué

Bangoué, Bangouens, Bangouins, tribu qui habite au sud de l'Ogôoué moyen, près des Okanda avec qui elle est mélangée dans plusieurs villages; elle a aussi quelques établissements sur l'Ogôoué supérieur en amont de la chute de Doumé; on peut croire par suite qu'elle occupe une bonne partie du plateau encore inexploré au sud de l'Ogôoué moyen et à l'ouest de l'Ogôoué supérieur; parle le bakalais.

Bankoro, près des sources de l'Ogôoué.

Banschaka, v. Mandjaka.

Batchai, au sud de Franceville.

Batéké, grande tribu qui a pour chef le Makoko et occupe la région aride qui forme la ligne de partage entre le bassin de l'Ogôoué et celui du Congo. D'après les affinités ethnologiques, M. Hamy les rapproche des nègres de la Guinée.

Bavouangi, v. Aouangi.

Bavoumbo, v. Avoumbo.

C

Cammas, tribu du delta de l'Ogôoué, sur les bords du Bongo et du Fernand-Vaz; groupe Mpongoué.

Cimbas, sur l'Ofôoué, Asimba de Lenz, paraissent être les mêmes que les Shibé de Compiègne.

Cimbas, du récit de de Brazza, fournissent des moutons aux Okandas, paraissent les mêmes que les Cimbas ou Shibé.

D

Djambi, tribu anthropophage sur le cours supérieur de l'Ivindo, visitée par J. de Brazza et Pécile, en 1886.

G

Galois ou **Galoa,** Igaloua de Walker, Igallois de Compiègne, tribu commerçante qui a de nombreux villages dans la partie supérieure du delta et près du lac Zonengué; elle est mélangée en plusieurs endroits aux Ivilis, aux Inengas et aux Adyumbas. Les Gallois, qui appartiennent par l'origine au groupe Mpongoué, parlent indifféremment le m'pongoué ou l'okanda (par suite de leurs relations commerciales avec les Okandas).

H

Hobaa, tribu du cours supérieur de l'Ivindo, visitée par J. de Brazza et Pécile, en 1886.

I

Ichogo, Michogo de la notice de Lannoy de Bissy, dans la région inexplorée à l'est du Ngounié supérieur.

Inenga, Inlenga de Walker, tribu peu nombreuse (1000 âmes paraît-il), mais qui a une grande quantité d'esclaves, habite entre le lac Zilé et l'Ogôoué, paraît être venue du Ngounié, appartient au groupe Mpongoué et parle indifféremment m'pongoué et okanda; elle ressemble beaucoup aux Galois.

Ivilis, tribu dont on trouve deux fractions importantes, l'une près des chutes du Ngounié, l'autre au nord du lac Anengué. Il est probable qu'il y a aussi des villages de ce peuple dans le pays intermédiaire, encore inexploré, au sud du Zonengué et qu'il se rattache par là aux Bavilis du Loango.

J

Jalimbongo, v. Yalimbongo.

M

Madouma ou **Adouma,** tribu divisée en deux groupes : *Batchi Bando* ou Madoumas du bas pays, près Boundji et *Batchi Doumé* ou du haut pays, près de Doumé. Ces derniers sont mêlés aux Aouangis; groupe Benga.

Mandjara, tribu sur la rive droite entre le Sébé et le Neoni; ce sont les Banschaka de Lenz. On ne sait pas bien à quel groupe les rapporter.

M'bete ou Oumbété, grande tribu qui habite la région du Sébé et de l'Ivindo.

Mindoumbo, ont quelques villages dans le voisinage de Franceville et paraissent être les mêmes que les Oundoumbos ou une fraction de cette peuplade.

Muschebo, Mosjebo, M'Oschebo de Compiègne, Oschebo de Lenz, ont des villages près des chutes de Boundji et, plus en amont, entre le Sébé et le Nconi; groupe Benga Ne pas confondre avec les Ossyebas, dit Lenz; de Brazza semble cependant ne pas distinguer les uns des autres.

N

N'Coni : ce nom est quelquefois marqué comme celui d'une fraction des Camma; il est plus probable que ce n'est qu'une autre forme du mot Camma; c'est du moins ce que dit Lenz.

N'como, sur les rives de l'Ogôoué. (Lannoy de Bissy.)

Ngomo, tribu près des sources de l'Ivindo, vue par J. de Brazza et Pécile en 1886. Ce nom semblerait indiquer une fraction des Ougomo qui habitent en grand nombre la région entre le Liboumbi et la Louété.

Njavi, tribu dans le bassin supérieur du Ngounié. (Du Chaillu.)

O

Oaka, v. Okoa.

Okanda, Mikanda de la notice de Lannoy de Bissy, tribu qui occupait autrefois les deux rives de l'Ogôoué moyen, autour de Lopé; elle a été refoulée sur la rive gauche par les Ossyéba; groupe Benga.

Okoa, appelés aussi Akoa, Oaka, Abongo, Obongo, très semblables aux Akka et aux Tikki-Tikki de l'Afrique centrale, sont répandus en très petits groupes dans toute la région du Ngounié et de l'Ogôoué; ils sont remarquables par leur petite taille. Marche et Compiègne en ont entendu parler dans la région d'Apingis; de Brazza en a vu quelques-uns dans le même district et Du Chaillu en a trouvé sous le nom d'Obonga parmi les Camma et les riverains du Ngounié.

Okota, Bakota de la notice de Lannoy de Bissy, petite tribu qui a une dizaine de villages en amont de Njolé; elle est très affaiblie par les attaques des Ossyéba; groupe Benga. Il y a des Okota sur le plateau entre l'Ivindo et les affluents du Congo. Les Bakota qui sont mélangés aux Bamba sur les bords de l'Ogôoué, entre Mopoko et Doumé, sont appelés Okota par de Brazza et paraissent être une fraction de la même race; Lenz le nie.

Ongomo, grande tribu dans le bassin du Liboumbi. Nous n'avons aucun autre renseignement sur elle que les indications de la carte de M. Mizon; d'après ce même témoignage, il y a aussi des Ongomo dans le bassin supérieur de la Louété. La race occuperait ainsi tout le pays de faîte entre la Louété et les affluents de l'Ogôoué. Il est probable qu'il faut encore y rattacher les *Ngomo* de l'Ivindo.

Oroungous, tribu qui habite le delta de l'Ogôoué, au nord des Cammas; groupe M'pongoué.

Osakas, de Lenz paraissent être les Shaké.

Ossyebas, grande tribu, habite au nord de l'Ogôoué moyen, les bords de l'Ivindo, les deux rives de l'Ogôoué en aval de Zabouré; groupe Pahouin.

Otondo, tribu dans la vallée supérieure du Ngounié, au milieu d'un pays montagneux.

Oundoumbo, habitent les deux rives de l'Ogôoué près du confluent de la Passa. V. Avoumbo et Mindoumbo.

P

Pahouins, appelés par de nombreux auteurs Fan ou M'fan, la plus puissante des tribus au nord de l'Ogôoué. Elle paraît s'étendre au nord et à l'est dans toute la région inexplorée qui va jusqu'aux monts Cameron, au Chari et à l'Ouellé. On a reconnu deux groupes principaux de Pahouins: 1° les Pahouins Makei, qui occupent le Gabon et ont des villages sur la rive droite de l'Ogôoué, dans la partie supérieure du delta et jusqu'à Njolé; ils en ont aussi près du lac Azingo; 2° les Pahouins Ossyebas (v. ce mot). Il faut encore rattacher aux Pahouins les Sjake. Il ne paraît y avoir entre les langages Pahouin-Makei, Ossyeba et Sjake, que des différences dialectales; aussi on considère cette race pahouine, très nombreuse, très brave, intelligente et cannibale, comme formant un groupe à part parmi les populations Bantou.

Poupou, tribu du bassin supérieur de l'Ivindo (J. de Brazza et Pécile).

S

Shébé ou **Shibé**, tribu au sud de l'Ogôoué, près de l'Ofôoué; groupe

Benga. Ce sont probablement les Cimbas visités en 1885 par M. Fourneau, les Asimbas de Lenz, les Cirubas de de Brazza.

Sjaké ou Shaké, sur les deux rives de l'Ogôoué, en aval de la chute de Boundji ; groupe Pahouin. C'est celle que Lenz appelle Osaka ; il les dépeint comme très habiles à extraire et à travailler le fer, et comme parlant un dialecte voisin de celui des Bakalais Chakès ; peu différents des M'fans, dit de Brazza.

T

Toungouzoti ou Tounkounati, petite tribu du delta ; groupe m'pogooué. Pays Toungoulati de la carte 2793.

Z

Yalimbongo, Jalimbongo, petite tribu au sud de l'Ogôoué, entre les Okotas et les Apingis, à qui elle ressemble beaucoup ; Yalibonga de W.; groupe Benga.

LISTE B

en

Aba de Ampaï, village de la vallée du Neoni. H.
Abamboué, montagne à l'ouest du Ngounié. 2793.
*Abéki, montagne entre le Neoni et le Sébé. H.
Abénéla, village en aval de Samquita. D.
Aboungué N'Pongi, pointe dans la partie supérieure du delta. 2793.
   B. D. appelée par S. Apongué Poungi; pointe Aboungué de H.
Aca, village à l'est de l'Ofôoué. H.
Achonoué, bras du delta, au nord de l'île Bouiti. 3189.
*Achouka, pointe dans la partie supérieure du delta, S., A., village Achouka 2792, villages Achouka et Pongé, et pointe Achouka D; village Achouka de H.
Achouka, district de l'Okanda. B.
*Achouka, village en amont de Lopé. H.D., poste français Aschuka R.
Acouhounou, village de la partie supérieure du delta. D.
Adelinanlago, ou Adanlinanlago. V. Adolinanlongo.
*Adeké, roche en aval de N'jolé. C. B. D; île Adeké de H. (mal placée.
*Adeloué, bras du delta qui débouche dans le Fernand-Vaz, 2792, 3189.
*Adiumba, rivière qui unit l'Ogôoué au lac Azingo. 2793.
Adolé, village en aval du confluent de l'Ofôoué. D.
*Adolinanlongo (suivant Aymes, qui voit de loin). A. C. B. 2793. D.
Adoué, v: Adouwai.
Adouwai, bras du delta. S. Adoué. 3189.
Adyambé, village sur l'Adiumba. (nom de peuple probablement). D.
Affogozzo, bras du delta. 3189; paraît le même que le N'Oumbi. V. Aouro Diozgo.
Agambagam, rivière du delta, affluent de l'Okanandé. 2792.
Agobi, localité sur le Ngounié. Du Chaillu.
*Agoguino, village au nord du Fernand-Vaz. 2792. Igoguino de 3189.
*Agoulé, bras du delta, rejoint le Fernand-Vaz. 2792. 3189. H.
Agouma, affluent au nord-ouest du lac Azingo. 2793.
Agouma, grande île du delta, partie supérieure. 2793.

Agouma, village entre l'Ofòoué et Lopé. D.
Agouma, probablement un village de l'île Agouma, placé à tort dans H. à la place de Adolinanlago.
Aguelengué, îles dans la rivière Jombé. 2792.
Aienano, v. Lambaréné.
Aikaboué, bras à l'est d'Orovi. S. peut-être l'Akalois.
Aiogo, v. Ayogo.
Aioui, île marquée au nord de l'Ogòoué, en face d'Ayogo. S.
Akalois, rivière, partie supérieure du delta. H. Duboc; non marquée sur 2792, est peut-être la même que le Goumbo.
Akambé, canal de l'Ogòoué au Zonengué. A. 2793. Akamé de D. qui marque cependant l'île un peu à l'ouest, sous le nom de Akambé ou Yombé.
Akambé, île de la partie supérieure du delta. 2793. D. Akardi de S.
Akambé, v. Akambé.
Akardi, v. Akambé.
***Aoku**, village par 1° 39′ 50″ de latitude S. et 12° 0′ 0″ de long E. R.
***Alégoma**, Alegòma ou Alegouma : indiqué d'après renseignements par S, déterminé par 0° 39′ de latitude S. et 8° 15′ 46″ de longitude est, par Aymes. 2793. B. D. H., etc.
Alika, village, rive gauche près Samquita. D. (Alika, nom du chef.) B.
***Allalé** ou **Allafé**, village dans la vallée du Nconi. H. R.
Aloria, pays qui comprend les villages de Woada et Makaka. S.
***Alougubuna**, pointe au sud-est du cap Lopez. 2792. 3189.
Ambi-Tchoukoué, village visité par Serval, entre le Rhamboé et l'Ogòoué.
Ampa, v. Ampo.
Ampinoué, crique de la baie de Nazaré. 2792. Ampinoui S.
Ampinoui, v. Ampinoué.
***Ampo**, affluent de droite du Nconi. M. H. R.
Amporia, île en face Alegoma. 2793.
***Ananga**, village en amont d'Apingis. D.
Anckoa, île du lac Zonengué, croquis de Duboc.
***Ancoco**, affluent de gauche du Nconi. H.
***Anengo-lemba**, village sur le bras du Nconi. 2792. Anenguo-lemba. 3189.
***Anengué**, lac. Du Chaillu. S., Duboc. H. R.
Anengué, rivière qui va de l'Ogòoué au lac Anengué, appelée dans sa partie occidentale Guaibiri. S.

Aniougoué, affluent du Vinoué. 2793.
Angola, île de la partie supérieure du delta. S. 2793; île et village. B. D.
Angolaké, v. Ngouamlaka.
*Angombé, village sur le Sélé. R. H
Angoué, village en aval de N'jolé. H.
Angowai, île et rivière du delta. S. Le tracé est sans doute fautif, car on ne retrouve cette île et cette rivière ni dans 2792, ni dans 3189.
Anguala, crique en amont de Samquita. H.
Animba, île du delta. S., pays Animba de 2792.
Animba ou Mexias, branche du delta. 2792 et 3189.
Aningo, village de la partie supérieure du delta. D.
Anoko, v. Noko.
Anongombai, village du delta, au sud-est de Dambo. S.
Anounja, îles du Ngounié. 2793. Oroyoumba du croquis de Duboc.
Aoké, bras de la partie supérieure du delta. 2793.
Aouala, affluent du lac Azingo. 2793.
Aouangi, (îles des) en aval du confluent du Nconi. H., n'est pas sur M.
Aougua, village dans l'île de Ningué Saka. D.
Aouro-Diozgo, crique du delta débouchant dans l'Animba. 2792. c'est le même nom que l'Affogozzo de 3189, attribué à une plus grande étendue d'un bras du delta, le N'coumbi de 2792.
*Apoumanda, pointe de la baie de Nazaré, appelée aussi Pointe Fétiche. 2792. 3189.
Apvili (village d') à l'est du Nconi. M.
Aqouela, montagne à l'ouest du Ngounié. 2793.
Aranga, v. Lopez.
*Aranga, île dans la rivière Jombé. 2792.
Arengengoua, île du lac Zonengué. 2793.
Areco-Angué, v. Recongoué.
Aregoma, village sur le Adyumba. D. paraît être le même que Reboua de 2793.
Arevene, île du N'poulounié. 2792.
Aringouana, ou Gobbi, bras du delta. 2792.
Arougat, v. Arougou.
Arougou, crique du delta. 2792. 3189 ; Arougat de S.
*Aroumba, pointe et village de la partie supérieure du delta. 2793. village. D. H., village Azoumba de S., Aroumbé et plus loin Aroumba de Griffon du Bellay.

Aroumbé, v. Aroumba.
Aroumbé, île du lac Zonengué, la seule habitée des îles Fétiches. S. peut-être M'boumba du croquis de Duboc.
Aroungo, v. Goumbo.
Arou-Ranga, crique près du Mexias. 2792.
* Achankolo, montagnes au sud et à l'est du Zonengué. A. 2793. Duboc; Aschankolo de Griffon du Bellay, Tchankolo de la carte de S.
Asimbo-Goraï, v. Azibengoré,
Assogne, monts sur la rive orientale du Ngounié, Duboc; peut-être pour monts du pays des Aschogo ou Ischogo.
Atadié, village à quelques milles au sud de l'Ogôoué, en aval de Samquita; croquis de Duboc. H.
Atalandé, îles de la rivière Jombé. 2792.
Atchouka, v. Achouka.
Atébé, village au sud du lac Azingo. D., à la même place que Nouma de Tenaille d'Estais.
Atébélé (village d') sur la Passa, rive droite, en aval de Franceville. M.
Avambibina, village au sud de l'Anengué. S.
Avanga, pays près d'Igané. A. Avanga-Wiri de Griffon du Bellay; Awenga Wiri de S.
* Avengo, village en aval de Alegoma. 2793. D.
Avongo, îles dans la partie supérieure du delta, D; bancs Avoungo de 2793.
Avongo, rivière qui va rejoindre l'Ogôoué, à quelques kilomètres des îles du même nom. 2793. Avungo de D. Aroungo de la carte de Kertanguy.
Ayaké (village du chef), en aval de Samquita, Duboc.
Ayenano, v. Lambaréné.
Ayogo, île et village de la partie supérieure du delta. D; île Ayogo de S.
Ayou, village en aval de Samquita. D.
* Azanghé-Ningué, île de la partie supérieure du delta. D. Azangué-Ningui de B. Ningue-Azanghi. 2793. Azangué de H.
* Azembo-Denga, village, rive droite, en face l'île Ningué Saka. 2792. D. H., le Drabodenga de S.
Azinbengoré, pointe, partie supérieure du delta. H., village Azibingoré de 2792. Asumbo Goraï de S.
Azingo, lac au nord-ouest de l'Ogôoué, avec qui il communique par plusieurs bras. 2793. 3189. H. D. etc.

* Azintongo, ile et rivière du delta, S. 3189. B. D. Azintongo ou Azoumintongo de 2792.

Azounguinongo, village dans l'île d'Arengengoua. 2792.

B

Bacanghi, village dans la vallée du Nconi. H.
* Baioulé ou Duélé, affluent de gauche de la Passa. M.
* Balla (village de), habité par des Andjiani, par 1° 14′ 15″ de latitude sud. M.
* Balla (village de), habité par des Oudombo, en aval du précédent. M.
Bandaca, village près du confluent de l'Ogôoué et de la Passa. M.
Bandangnia (village de), en amont de Boundji. M.
Bandassa, village au sud de Franceville. H.
* Bando, bras qui fait communiquer l'Ogôoué avec le Zonengué. A. 2793. H.
Bandou, v. Bango.
Banga, v. Obanga.
Bangagna, rapides en aval de l'Ivindo. D. H.
Banganiania (village de), en aval de Madiville. M.
* Banganié, affluent de droite de l'Ogôoué, en aval de Njolé. D.
* Bango, bras méridional de l'Ogowé. S. A. Bango ou Bandou de Griffon du Bellay. Wango de 2792. Abando de 3189. Ouango de H.
Bango, village en aval de Lopé. D.
Bangoué, village de Galois, dans la partie supérieure du delta. A.
Banguembéné, crique en aval de Samquita, Duboc, peut-être près des villages M'bangoué et Ningua-béné de D.
Banguinda (village de), en amont de Boundji. M.
Batanga, village en aval d'Apingis. D.
* Bayoni, village en aval du confluent de l'Ivindo. D.
Beboula, grand village de Pahouins, sur 3 kilomètres de long près Zaracotcho, B. (1880).
Bega? village au sud de l'Ogôoué, près du lac Mandjié (?) D.
Belatchatinia ou Bouyabé, rapides en amont de la rivière Djilo. M.
Bélélé (village de), près de la chute de Doumé. M.
Bélélé-Morania, (village de), en amont de Madiville. M.
* Belemandjango, passe sur le haut Ogôoué, par 0° 40′ 7″ de latitude sud. M.
Bella-Akambou, village de Pahouins, en aval de Njolé. B.
Ben, affluent du lac Azingo. 2793.

Bendja, rapides en aval d'Obombi. B.; D. et C. les appellent Elendja; H. Etandja.
Béné, affluent du lac Eviné. H. Duboc.
Bengo-Orobo, village près du Sébé. R.
Bérélégué, village sur le Liboumbi. M.
Bialié, point à un mille ouest de l'Ogôoué, déterminé par W. 0° 31 de latitude sud, et 8° 20′ longitude est.
Biboulmann, village en aval de Njolé. D.
Biéné, village entre Achouka et Obombi. D.
Bii, village près de Njolé. D.
* Bikoutchi, montagne sur la rive droite de l'Ogôoué, près de Lopé. B. D.
* Binda, village du delta, au sud de la crique Pongié. S. 2792. non marqué dans "180.
Bingonga, village en aval de Madiville. H; probablement Moganga de M.
Birougou Bouanga, montagne de 2574 mètres dans la chaîne du pays Aschango, Du Chaillu.
Bissimi, village de Bangoués, rive droite du Liboumbi. M.
* Bocaboca, grotte près Njolé. D. Bokboka ou Hokaboka de W.
Bogooué, île un peu au sud d'Alegoma, 2793.
Boili, village de Bengoués, rive droite de Liboumbi. M.
Boily, v. Bouiti.
Bolanda, ancienne mission protestante, cours inférieur de l'Ogôoué. B.
Boloé, bras du delta, près du Mexias, 2792.
Bomba, village près du Vinoué, 2793.
* Bombi, île en amont de Lopé, D.; rapide Boumbé de la carte C. et H.
Bombi, bras de l'Ogôoué, en amont de Lopé. D.
Bomé, affluent de l'Adiumba, 2793.
Bomié, affluent de la rivière Lopé. D.
Bondo, village près d'Apingis. D.
Bondo, île près d'Apingis. D.
Bongo (village de), en amont de Boundji. M.
Bougonoué, v. M'bouengoué.
Boniti, v. Bouiti.
Booué, poste français, près la chute du même nom. B. C. H. D. etc.
* Booué, chute par 0° 5′ 20″ de latitude sud, et 9° 34′ 30″ de longitude est, R; chute à laquelle le marquis de Compiègne avait donné le nom de Faré, un de ses amis.
* Bouali, chef-lieu des Ivéias, 500 huttes, près du Ngounié. W.
Boucandja (village de), en aval de Doumé. M.

Boudingué, colline, rive gauche entre Lopé et Booué. D.
* Bouiti, île du delta, 2792, D; Boily de S. M'Bouiti de A. Bouiti ou Ochoum Changa de 3189, Boniti de B.
Boumba, île du Zonengué, Duboc.
Boumba, village sur l'île Oméné. B. D.
Boumbé, v. Ombi.
* Boumbi, rapides en aval de Boundji. M.
* Boundji, chûte, M. Bungi de H. par 0° 47′ 47″ de latitude sud et 10° 22′ 20″ de longitude est. M.
* Boundou, rapides et villages en amont d'Apingis. D.
Boungi ou Samquita des Okanda, entre Booué et Lopé. D.
* Bouno, village et rapides entre Booué et l'Ivindo. B. D.
Boutemba (village de), à l'ouest du Liconi. M.
Boutembé, village dans la vallée supérieure du Licoco. M.
Bouyandjca (village de), en aval de Balla. M.
* Bovala, village et rapides entre Booué et l'Ivindo. D.

C

Cadé-Cada, île du Bango, 2792.
Cama, île en amont d'Azintongo, D; on ne trouve ce nom sur aucune des autres cartes : S. A. 2792, 3189. Y aurait-il là un établissement de Cammas ?
Cangié. Point dont la position a été fixée par S. de Brazza à 56′ 30″ à l'est de Lopé, soit 10° 12′ 30″ de longitude est. Ce doit-être par suite le seuil Mikendjé de M. Mais Hanssen, sur la carte de la Revue maritime et coloniale de 1883, identifie Cangié avec l'île Landjé, et il en est de même, à ce qu'il semble, dans le récit publié par de Brazza, dans le Tour du Monde (1435° livraison); il y mentionne l'île Kangié, tandis que dans un autre passage, la même île est nommée Landjé.
* Chako, rivière, affluent de gauche de l'Ogôoué, en aval de Lopé. D.
Chaloyo, pointe dans la partie supérieure du delta, D; ne se trouve pas dans : S. A. 2793. Serait-ce la rivière Cholio de S. ?
Changa-Aroubs, île du Zonengué. S.
* Chingagano, village de Galois, partie supérieure du delta. 2793.
Cholio, rivière près des îles Ningué-Saka, S; ne se trouve pas sur les cartes postérieures. V. Chaloyo
Chonghé, affluent de gauche en aval d'Apingis. D.

*Choni-Penda, village dans la partie supérieure du delta. 2793 ; pourrait être le même que le Lamondo ou le Yooua de D.

Cimetière (Ile du), île du lac Anengué, S.

Coulounqoué, crique du Jombé. 2792.

*Cogé, affluent de rive droite, en amont de Samquita. D. N'Kogo de W.

Comba-Mandgilo, en amont de Madiville, H ; peut-être Doumala-Boumba de M.

Commi, v. N'Coni.

Comi, affluent du Sébé H.

Como-Como, bras du delta, 2792.

Condabisamba, village en amont du confluent de l'Ivindo. D.

*Conho, montagne de la rive droite, au nord de Lopé. D.

Cotcho, v. Zoracotcho et Ozegacotcho.

Coubié, île à l'embouchure du fleuve. 2792. D. Coubié ou Koiva de 3189. N'Coubié ou N'Cowa de A. N'Cowa de S.

Coudjin, crique du delta, S.

Couicondjo, v. N'Conicondjo.

Couka, village en aval de la chute Poubara. H.

Coumanigo, village en aval de Zabouré, H ; non marqué sur M.

Coumangoï, ancien village en aval de Doumé. M.

*Coumbabidjino, île du Zonengué. H. Duboc.

Coumié, rivière du delta. S. 2792. Ikoumié de 3189.

Counjo-Tchoutchio, île entre l'Ogoué et le Bango. 2792. Tongotioto de S.

Cowo, île du lac Anengué. S.

D

Dambiana, village en aval d'Alegoma. D. Diambiana de 2793.

*Dambo, village, rive droite, en amont d'Azintongo. S. A. 2792. N'Dambo de D.

Danyamasabé, île en amont de Zabouré, H ; ne se trouve pas dans M. à moins que ce ne soit le rapide Belatchatima.

Dembé, île en amont de Ningué-Saka. B. 2793.

Dembé, village en aval du confluent de l'Ofooué. D.

Dibo, v. Djilo.

Diékélié, lac et rivière, affluents de l'Adiumba, 2793.

Diélé, v. Duélé.

*Dihau, chef-lieu des Aschira-Kamba, par 1° 21' 3' de latitude sud. Du Chaillu.

Dimbaréné, village en amont de Lopé. D.
Diouba, village en amont de la chute de Boundji, H ; ne se retrouve pas sur M.
Dinga (village du chef), sur le N'poulounié, 2792.
Djaja, ile en aval de l'île Oméné, D; Djaja, H; Djana de la carte de C.
Djambala, village en aval de Madiville. M.
Djana, v. Djaga.
Djico, v. Mondjiko.
* Djilo ou Dilo, affluent de droite de l'Ogôoué. B. D. M. Dibo de H.
Djoconda (village de), en aval de Boundji. M. Djocondo de B.
Djoka, ile entre Lopé et Obumbi. D.
* Djoko, montagne de la rive gauche, en amont de N'jolé. D.
Djoua-K'couna, village en face des îles Ningué Saka. D.
Djoumba (village de), en aval de Boundji. B. M ; Dgoumbo de H.
Djoumba (village de), en aval de Madiville. M.
Djoumé, affluent de gauche de la Passa. H.
* Doba, montagne de la rive gauche, entre Booué et Lopé. D.
Dogoundou, village des Njavi, à l'est du Ngounié, Du Chaillu.
* Dougon, affluent de droite du Ngounié. Du Chaillu.
Douba, affluent de rive gauche, en amont de Ningué Saka. D.; marqué mais sans nom près du village de N'douba, 2793.
* Doumalaboumba (ancien village de), en amont de Madiville, par 0° 48' 47" de latitude sud, et 10° 35' 35" de longitude est. M.
Doumalaboumba (nouveau village de), près du précédent. M.
* Douma-Malongo (village de), par 0° 59' 14" latitude sud, en amont de Doumé. M.
Doumba (village de), en amont de Douma-Malongo. M.
* Doumé, chute par 0° 56' 03" de latitude sud, suivant B; environ 0° 50' selon M.
Doumékéla, bras de l'Ogôoué, en amont de Lopé. D.
Douyia, affluent de gauche du Ngounié. Du Chaillu.
Duani, v. Dyari.
* Duélé, affluent de gauche du Nconi. M. Diélé de B.
* Duélé-Doua, affluent de gauche du Nconi. M.
Dumbadula, village au sud-est de Franceville. H.
Dunguéna, village en aval de Madiville. H. probablement Banganiania de M.
* Duya, affluent de droite de la Passa. H.

Dyain, village au sud-est de Franceville. H.
Dyani ou Duani, affluent de droite du Nconi. H. R.
*Dyani, village près du Nconi. H. R.
Dyui, affluent du Nconi. H.
Dzanghé, île en aval de Booué. D.

E

Ebega, île en amont d'Apingis. D.
Eboga, affluent de rive droite de l'Ogôoué supérieur. H ; doit être le Leboka, rive gauche, de M.
Eboubou, village sur le Vinoué ou Goumbo. 2793.
*Ebouka, lac à l'ouest du lac Azingo. 2793.
Ecabo, v. Licabo.
Edango-Biambié, village sur le Goumbé. 2793.
Edibé, v. Ndoungou.
Ediombé-Yoganga, v. Loganga.
Egondé, lac qui communique avec l'Oujougavizza. 2793.
*Eiongué, montagne de 200 mètres dans l'île d'Azangué. 2793.
Ejeké, village en amont d'Alegoma, H. ?
Elendja, v. Bendja.
*Elimbé, île et rivière en amont de Ningué Saka. 2792 ; B. D ; au même endroit, S. place la pointe Elimbi-limbé ; rivière Elimbé, H.
Elimbi-limbé, v. Elimbé.
*Elindé, lagune au nord du Fernand Vaz. 2792. 3189.
Eliva, mot qui veut dire lac ou lagune, est employé fréquemment en composition, comme dans les mots *Eliva N'péré*, *Eliva Anengué*, *Eliva Zonengué*, *Eliva Elindé*, *Eliva Nchongué*, *N'chiné*, etc.
*Ellock, village à l'ouest du lac Azingo. 2793 ; village de Pahouins de Tenaille d'Estais
Eloum-Bouangona, pointe dans la partie supérieure du delta. D ; pointe et village, 2792 ; Louban Goma de S.
Elounda, village en amont de Lopé. D.
Ererebolo, collines en amont de Samquita, sur la rive droite, D. Orerevolo de W. Ererevolo de C. B. Le croquis de Duboc porte une colline de ce nom en aval de Samquita, avec cette indication : Ererevolo signifie grand arbre ; cela est peu vraisemblable, et il y a ici des traces d'une grande confusion.
Eringa, v. Serangua.
Etandja, v. Bendja.

* Etchanga, montagne de la rive droite au nord de Lopé. D.
Eta, affluent de gauche du Nconi. H.
* Etambé, sur le Ngounié. Duboc. C.
Etanga, crique de la rive droite en amont de Samquita, H; l'Obangha de D. ?
* Eviné, lac sur la rive droite de l'Ogòoué avec qui il communique A. 2793. D.

F

Falandi, crique du bras principal de l'Ogòoué, 2793, 3189; Folandi de S.
* Fétiche (île), du lac Zonengué, H. Duboc; îles Fétiches ou sacrées de Griffon du Bellay.
Fétiche (île), du lac Azingo, 2793.
Fétiche (pointe), v. Apoumanda.
* Fétiche (pointe), au nord du confluent du Ngounié. W. A. C. B.
Fétiche (pointe), cap sur la rive occidentale du lac Azingo, 2793.
Fétiche (village), village près de la baie de Nazaré, 2792.
Folandi, v. Falandi.
Fougamou, chutes sur le Ngounié, Du Chaillu.
* Franceville, centre de nos possessions du Congo, à quelque distance au sud de la Passa, par 1° 36' 50" de latitude sud et 11° 14' 20" de longitude est (Rouvier). B. H. M. R. etc.

G

Galangua (village de), en aval de Doumé. M.
Galimandé, village près l'Ofòoué. D.
* Galimandi, village de la partie supérieure du delta. 2793.
Gamby, v. N'Goumbi.
Garitié (village du chef), en aval de Samquita. Duboc.
Geima, village au nord du confluent du Nconi. H; ne se retrouve pas sur M.
Giabima, village à l'est de Franceville. H.
Gombé, v. Jombé.
Gongoguénangué, île du Bango, 2792.
Gongoni, v. Ténié.
Gossua, île et rivière en face de Igané, S; probablement la rivière Igouguina.
Goumbi, v. N'Goumbi.
* Goumbo ou Vinoué, bras du delta, partie supérieure, 2793,

N'Goumba sur la carte du Congo français de Rouvier. Aroungo de H. et Duboc.

Goungogio, v. N'coni-Gondjo.

Gowai, v. N'Gowa.

Gozo, v. Ngozo.

Guaibiri, petite rivière qui, d'après le récit de Griffon du Bellay, fait communiquer l'Ogôoué avec le lac Anengué, et prend, plus à l'est, le nom d'Anengué.

*Guido, montagne près du confluent de l'Ofooué. D.

H

Houga, rivière qui se jette à l'ouest de la baie de Nazaré, 2792.

Huleman, factorerie en aval de Booué. H.

I

Iagoué-Sola, île du Bango, 2792.

Iampaga, îles du delta. S. Sampazza de 2792.

Ibinga, village de la partie supérieure du delta. D; il est voisin de celui de Umbiano de D; et peut-être ensemble sont-ils le même que celui appelé N'Biagano par 2793.

Icando, bras qui réunit le Mexias à la lagune Elindé, 2792, indiqué en pointillé sur 3189, sans dénomination.

Ichougwai, rivière du delta. S.

*Idouménaia, pointe et village en amont de Ningué Saka. B 2793. H.

Iénézoe, village en aval de Booué. D.

Ifomamy, v. Ilomori.

Igalagori, pointe dans la partie supérieure du delta. 2793. D. H; Igalagari de A.

Igané, nom d'un district dans la partie supérieure du delta. S. A. 2793.

Igang-Inanga, ou la chute de l'éléphant, collines sur le Ngounié, W.

*Igani, montagne, rive droite du N'gounié, croquis de Duboc, Igang-Inanga de W.

Igingi, pointe dans la partie supérieure du delta. D.

Igongonoué, canal entre l'Ogôoué et le Bango. 2792. Igangonié de 3189. Tgongonoué de B.

Igouéta, village dans la partie supérieure du delta. D.

Igouigouina, affluent de rive droite, en amont de Ningué Saka. 2793. D; peut-être le Gossua de S.

*Igoumbié, par 1° 59′ 22″ de latitude sud, et 9° 5′ 0″ de longitude est. Du Chaillu.

*Ikanga, colline et village sur le N'gounié, résidence d'Agounou. W.
Ilomori, île du delta. S.
Imbouba, île en amont de Njolé, C ; peut-être une des îles Sangaladi?
Imbouiri, v. M'bouiri.
*Ingouéni, montagne au nord de Lopé. D.
Inimpira, île un peu au sud d'Alegoma, 2793.
Igoguino, v. Agoguino.
Ionanga, v. Zonengué.
Irambaga, pointe dans la partie supérieure du delta. D.
Isambey, v. Izambé.
Issangaladi, v. Sangaladi.
Issémé, v. Semé.
Iteben, crique à vingt-cinq milles en amont de Ningué Saka. B.
*Ivindo, affluent de droite de l'Ogòoué .C. B. H. D.
*Izambé, village au nord-est de la baie de Nazaré. S. 3189, 2792. Isambey de G. du Bellay.
*Izambé, factorerie sur le bord de la mer au sud du Mexias. 2792.
*Izanga, lac, partie méridionale du Zonengué. S. H. Duboc. Eliva-Wizanga dans la relation de Griffon du Bellay.
Izégéné, v. Njolé.

J

Jaly, île, v. Njolé.
Jalinzoi, village au sud de l'Ogòoué, en aval de Booué. H.
Jéritché, île en amont d'Apingi. V. Teritché.
*Jombé, rivière du delta, 2792, Yombé, 3189, Yumbé de la carte du Congo français de Rouvier et de H.
*Jombé, pointe, 2792 et 3189.
*Joromafan, village sur le bord septentrional du lac Azingo, 2793 et Tenaille d'Estais.
*Joromafan, village sur le Goumbo, 2793.

K

Kakadjé, nom marqué sur D, au sud de l'île Lélédi.
Kalorougou, pointe dans la partie supérieure du delta, 2793.
Kalorougou ou nouveau Lombié, village, partie supérieure du delta. 2793.
Kamaranga, village du delta. D.
Kamba, île en amont de Njolé. C.
Kami, village près du Duya. H.

Kandja, île en amont d'Apingis, B. D ; Kandji de C.
Kandji, v. Kandja.
Kangamou, village en aval d'Apingis. D.
Kangié, v. Mikengé.
*Kani, village dans la vallée du Nconi. H.
Kanié, crique près l'embouchure. 3189. D ; Kania, 2792.
*Kano, mont et village en aval de Booué. D ; Okano de C.
*Kano, rivière près du mont Kano. D, Kono, H. D. Kans de B.
Kans, rivière près Booué, mentionnée ainsi dans le récit de B. (Tour du monde), est évidemment le Kano.
Kaoué, île en amont de Apingis. D ; îles Kaoué. B.
*Kédubeka, village dans la haute vallée du Sébé. H. R.
Kega, rapide en amont du confluent du Nconi, H ; rapides de Mopoko et de Bangania de M. ?
Kélolo, village au sud-est de Franceville, B. D. H.
Kégi, rivière en amont de Ningué Saka. 2793. D ; Okasi de S.
Kiniari, crique du delta. S.
Kinjo, crique du delta près le Fernand Vaz, 2792.
Kobié, île du Goumbo, 2793.
Kondo-Kondo, v. Kongoué.
Kongo-Mbumba (village de), sur le Ngounié. H.
Kongono, île en amont d'Azintongo. D.
Kongoué, pic en amont de Njolé, B. D ; appelé aussi Ocono, il forme sans doute avec l'Okano de B. D, le Kondo-Kondo de C.
Koumadjo, village en aval de Njolé. D.
Kono, v. Kano.

L

*Laconi, affluent de droite du Nconi. H.
Lallié, affluent de droite de la Passa. H.
*Lambaréné, résidence de Renoké, A. B. 2792. H ; *Lambaréné* de C ; *Renoké* ou ancien Lambaréné de D ; Mimba-Reniou Lembaréné de B.
Lambaréné nouveau ou Aïenano, dans l'île d'Azingué. B. D.
Lambengué, localité au nord-est d'Olenda, Du Chaillu.
Landeoua, affluent du Jombé, 2792.
*Landjé, île au confluent de l'Ivindo, B. D ; elle est marquée Cangié sur H, probablement par erreur ; v. ce mot. De Brazza dit y avoir fait des observations astronomiques, mais nous en ignorons le résultat, à moins que ce ne soit réellement Kangié.

* Langhouen, montagne de la rive droite, en aval de Booué. D.
* Langle (pointe de), nom donné par Aymes, à la pointe Oioulo, en amont d'Alegoma. 2792. H. Duloc. D.
* Lassio, affluent de droite de l'Ogôoué supérieur. M.
Lebagni (village de), en amont de Boundji. M.
* Leboka, affluent de gauche de l'Ogôoué supérieur. B. M.
* Lecondou, affluent de droite du Liboumbi. M.
Lekei, affluent de droite du Nconi. H.
* Lekélé, affluent de gauche de l'Ogôoué supérieur. H. M.
Leko, village au nord-est de Lopé. D.
Lela, affluent de droite de la Passa. H. R.
Lélé, affluent de gauche de l'Ogôoué, en aval d'Apingis. D.
* Lélédi, grande île boisée entre Obombi et Apingis, C. D; île Vaté de B.
Lélédi ou Vaté, hauteurs près de l'île du même nom, B.
Leloungoulou, affluent du Jombé, 2792.
* Lemonto, rivière au sud du lac Azingo, 2793.
Lendoui (village de), à l'est de Franceville. M.
* Lendoui (village de), à l'ouest du Liconi. M ; par 1°57′13′′ de latitude S.
Leoub, affluent ou sous-affluent de droite de la Passa. H.
Leoumbo (village de), à l'est du Nconi. M.
Leyou, affluent de gauche de l'Ogôoué, en aval de Balla. M.
Libendengo, village en amont de Lopé. D.
Libandji (village de), dans la vallée supérieure du Licoco. M.
Libanga, v. Okanga.
Libombi, v. Liboumbi.
Libossi (village de), en amont de Boundji. M.
Libossi (village de), en aval de Doumé. M.
Libossi (village de), en amont de Douma Malongo. M.
* Liboumbi, rivière, affluent de gauche de l'Ogôoué supérieur, H. M. Libombi de B.
Liboumbi (village de), en aval de Boundji. M.
* Licabo, affluent de droite de l'Ogôoué supérieur, M ; Ecabo de H.
Licaca ou Nden, village près du Leba. H.
* Licoco, affluent de droite du Liboumbi. M.
Licombé (village de), dans la vallée supérieure du Licoco. M.
Licossi, affluent de droite du Liboumbi. M.
* Lidié, rivière en amont de Sam-Quita. D.
Ligoué, affluent du Jombé, 2792.
Limbimba, à l'est de Franceville. M.

Limbimba (village de), sur le Liboumbi, M, planche 2, n° 2, paraît le même que Malongo, planche 2, n° 1 ; ancien Limbimba plus en amont. M.
Limbini, village à l'est du Nconi. R.
Limboco (village de), v. Machogo.
Limécou-Cassanghoi (village de), ou Doubandjoco, en amont de Madiville. M.
Lingouembé (village de), en aval de Madiville. M.
Lipenda (village de), au sud du Liboumbi. M.
Lipenga (village de), en amont de la chute de Doumé. M.
Lipombo (village de), en amont de la chute de Doumé. M.
***Liposso**, affluent de droite du Liboumbi. M.
***Lisboa**, village à l'est de la baie de Nazaré, B.
Litoundo (village de), au sud du Liboumbi. M.
***Livaca**, village dans la vallée supérieure de la Passa, H ; Livako, R.
Livamanendaca, crique près de la baie de Nazaré. S.
Livolongo, v. Livouolongo.
Livouandji (village de), en amont de Douma Malongo. M.
Livouolongo (ancien), village à l'est de Franceville, M. Livolongo de H.
Livouolongo (nouveau), près du précédent, un peu au sud. M.
Lobaloba, village en aval de Doumé. M.
Loganga, île en amont de Bouiti, 2792 ; Edioumbé Yoganga de S.
Lola (village de), en aval de Doumé. M.
Lolo, affluent de gauche de l'Ogôoué supérieur. B. H. M. R.
Lombé, v. Lombié.
Lombié, village de la partie supérieure du delta. S. D. Dans 2792, il y a deux villages de ce nom, l'ancien Lombié et le nouveau Lombié ou Kalolougou.
Lombico, v. Lombié.
Lomonda, village partie supérieure du delta. D. On pourrait presque supposer que c'est le Galimandi de 2793.
***Longoué**, montagne sur la rive gauche à l'est d'Oboumbi. D.
***Lopé**, marché des Okanda, par 9° 16′ de longitude est. B.C. W. Lenz. H. Lopé ou Ngoundou de D ; chef-lieu d'un district de l'Okanda. B.
Lopé, district de l'Okanda. B.
***Lopé**, rivière qui débouche près de Lopé. C. B.
***Lopez**, cap. Du Chaillu. S. A. C. 2792. 3189. B. etc.
Lopez, rivière du delta ou Aranga. 2792. Rembo-Mendje de 3189.

Lopez, île ou Mangi, 2792, marquée aussi comme une île sur la carte du Congo français de Rouvier. V. à ce sujet la note de la page. 11.
*Louba, village du Ngounié près des chutes Fougamou. Du Chaillu.
Louban-Goma, v. Eloum Bouangoma.
Lougandi, village en amont d'Apingis. D.
*Louma, montagne de la rive droite, au nord-ouest d'Apingis. D.
*Louvendji, affluent de l'Ovigi, tributaire du Ngounié. Du Chaillu.
Lumé ou Lumo, affluent du Sébé. H.
Lumo, affluent du Lekei, tributaire du Nconi. H.
Lyengo (village de) ou Lindiengo, en amont de Boundji. M.

M

Mabala, bois à l'est du Nconi. M.
Mabéki, village en aval de Samquita. D.
Mabélé, collines au sud de Lopé. D.
Mabouba, rivière à l'ouest du Goumbo. 2793.
Macocho (village de), en amont de Boundji. M.
Machogo, village de Limboco, en amont de Boundji. M.
Macomba (village de), en amont de Madiville. M.
Macoubou (village de), en amont de Boundji. M.
Macouma (village de), rive gauche du Liboumbi. M.
Madio, v. N'dadio.
*Madiville, poste par 0° 48′ 40″ de latitude sud et 10° 22′ 20″ de longitude est (Rouvier). M. H. R.
Madombo (village de), dans la vallée de Dougon. Du Chaillu.
Madouma, ce nom donné par H, comme celui d'un village en aval de Madiville, équivaut à Monbenda de M.
Madouma, village d'Oundombo, au nord-est de Franceville. M. Ce nom parait un nom propre, et non celui d'un groupe de Madoumas.
Magabé, en amont de Boundji. H ; probablement Macoubou de M.
*Magoba, montagne sur la rive droite, entre Booué et Lopé. D.
*Magonga, village sur l'Odiganga. Du Chaillu.
Magila, rapides en aval de l'Ivindo. H.
Maïssa (village de), rive droite du Liboumbi. M.
Makok, v. Mikok.
Maladie (pointe), en aval de Boundji. H.
Malamba, village près du confluent du Sébé. H ; ne se trouve pas sur M.
Malébé, île en amont d'Obombi. D.

Malemba (ancien village de), en aval de Doumé. M.
Malemba (village de), en amont de Boundji. M.
Malindi, montagne de la rive droite, en amont de N'jolé. D.
Malongo (village de), en amont de Boundji. M.
Malongo (village de), sur le Liboumbi. M.
Mamiaca, sur l'Ofoué. H ; Galimandé de D. (?)
Manda (village de), sur le Liboumbi. M. planche 2, n° 2, pourrait être le même que le village de Mbamba de la planche 2, n° 1.
Mandjé, village en aval de Samquita. D.
Mandji, v. Lopez.
Mandjoé, canal entre l'Ogôoué et le Zonengué. Duboc.
Mandschi, par 1° 16' 26' de latitude sud, village près des chutes du Ngounié. Du Chaillu.
Mangasaka, v. Ningué-Saka.
Mangebon, affluent de droite de l'Ogôoué, en aval du confluent de la Passa. H.
Mangi, v. Lopez.
Mangi, canal entre le Jombé et l'Ogôoué. 2792. Mango de S. Rhembo — Mendji de 3189.
Mango, v. Mangi.
Manoumba (village de), en amont de Boundji. M.
Maoudi (village de), en amont de Boundji. M.
Mapandé, village en aval de Njolé. H.
Masangué, v. Missanga.
Maschogo, village en aval de la chute Poubara. H. Poubara de B.
Massano (village de), en aval de Madiville. M.
Matchoka (village de), en amont d'Apingis. D.
Matobadi (village de), très près de Madiville. M.
Matombé, montagne au sud-est de Lopé. D.
Maya, village dans la vallée du Nconi. H.
Mayaka (village de), en amont de la rivière Djilo. M.
* Mayolo, par 1° 51' 14' de latitude sud et 8° 40' 7' de longitude est. Du Chaillu.
Mayomatcha, village en aval de N'jolé. D.
* M'bana, île en aval de Bôoué. D. Mbàmo de B.
Mbangoué, village en amont d'Alegoma D.
* Mbendja (village de), près du Licossi. M ; par 1° 57'30' de latitude sud.
Mbilé, « crique qui mène très loin, à Bolanda. » B.

Mbola-Bounyo 1, village, sur la rive droite du Liboumbi. M.
Mbomo-Mayombé (village de), en amont de Boundji. M.
Mbonga (village de), en amont de Douaa-Malongo. M.
M'Bouengoué, rivière près de l'embouchure. D. 3189. A la place de ce nom, dans 2792, il y a trois petites rivières voisines, appelées toutes trois Bouengoué.
M'bouiri, rivière du delta. S. Imbouiri de 3189. D. M'Bouiré de 2792.
Mboumba, île dans la partie sud du Zonengué. Duboc; peut-être l'île Aroumbé de S.
* Mexias ou Animba, bouche de l'Ogôoué. 2792. 3189. etc.
Miabé, v. Miobé.
Micocho (ancien village de), en aval de Boundji; par 0° 36′ 46″ de latitude sud. M.
Micocho (nouveau village de), en aval du précédent. M.
Midéké, île en aval de N'jolé. D.
* Migandji, village en aval de Bôoué. D.
Mikema, pointe un peu en amont de Samquita. D.
* Mikengé, seuil en amont de la rivière Djilo, doit être Kangié de B; par 10° 12′ 30″ de longitude est. M.
Mikok (village de), près Bôoué. B; Makok de H, ne se retrouve pas sur D.
Minema, village en amont de Samquita. H.
Mingoué, pointe au sud du confluent du Ngounié. A. Duboc.
Miabé ou Miobé, village en aval d'Apingis. D.
Miobé (village de), village de Schakés et de Moschebos, en aval de Boundji. M.
Mishema, village en aval de Njolé. H.
* Missanga, île en aval du poste de Njolé. B. D; probablement l'Otchanga de C; Masangué de H; Osangé de W.
Missangala, île en amont du poste de N'jolé. D.
Missocu, îlot près de l'île Oméné. B.
* Mobana, village par 1° 52′ 56″ de latitude sud, à une altitude de 2300 mètres. Du Chaillu.
Mobongo (village de), en aval de Madiville. M.
Moganga (village de), en amont de Douma-Malongo. M.
Mogiana, montagne de 2264 mètres, chez les Aschango. Du Chaillu.
Mogaba, par 1° 58′ 29″ de latitude sud et 9° 1′ 5″ de longitude est village Du Chaillu.
Mokei, village dans la partie supérieure du delta. D.

*Mokeko, montagne de la rive gauche, près de Lopé. B. D ; l'*Okeko*, marqué sur la rive droite dans la carte de C, et Okako, sur la rive droite dans H.
*Mokenga, village par 2° 1' 02" de latitude sud. Du Chaillu.
*Mogouélé, montagne, rive gauche, entre Lopé et Booué. B. D.
Mombi, V. Noumbi.
*Monbenda (village de), en amont de Boundji, par 0° 51' 02" de latitude sud. M.
*Mondjiko, montagne de la rive droite en aval de Booué. D ; Djico de C ; Onschiko de W.
Mondonabongo, rapide en amont du confluent de l'Ivindo. D.
Monganya (village de), en aval de Madiville. M.
Mongo-Iomba, village en amont de Njolé. D.
*Mongon, village par 1° 56' 45" de latitude sud, et 9° 43' 37" de longitude est. Du Chaillu.
*Mopoco, chute par 1° 18' 22" de latitude sud, M ; par 1° 18' 22" latitude sud et 10° 59' 20" longitude est. Rouvier.
Mopoco, (île et village de). M. B. Mopoko est le nom d'un chef.
Mossambé, affluent de gauche, débouche près de Mopoco. M.
Motélematchiela, île en amont de Booué. D.
*Mouau-Komba, dernier village dans l'est atteint par Du Chaillu dans son voyage de 1864.
Moundoungou (village de), en amont de Boundji. M.
*Mouendi, village par 1° 51' 10" de latitude sud et 8° 56' 35" de longitude est. Du Chaillu.
Mouéné, village près de l'Ofooué. D.
Moungobé (ancien village de), en aval de Doumé. M.
Moungoundou (village de), en aval de Franceville. M.
*Mpini (village de), à l'est du Neoni M. R.
Mpomaganya-N'inenya, nom donné au confluent de l'Ogooué et du Ngounié, par les Inenga. W.
Myangoua (village de), en aval de Doumé. M.

N

*Nagoschi, chute sur le Ngounié. Du Chaillu.
Nami-Gemba, rochers près des chutes du Ngounié. Du Chaillu (Gemba est probablement le même nom que Semba, roches).
*Nangié, lac au sud du Bango, marqué sur D. avec un ?

*Nango-Nangué, bras de l'Ogôoué. 2792. 3189. H. Nango-Nangui de A.

Nanipo, village, partie supérieure du delta. D ; à l'endroit où 2793 marque Revouanani.

*Nazaré (baie de), S. A. Baie de Nazaré ou de l'Ogôoué. 2792. 3189.

N'Bélé, village ossyeba. B.

N'Biagano, village dans la partie supérieure du delta. 2792.

N'Bouiti, v. Bouiti.

N'Cangui, rivière qui débouche à l'est, dans la baie de Nazaré. S. Cangué de 3189 ; sans nom sur 2792.

N'Cheï, village du delta, sur le Npoulounié. 2792.

N'Chingi-Bongo, île du delta, en amont de Ningué Saka. A. 2792 N'Ching-Bongo de D.

N'Chombi, île du Bango. 2792 ; îles Thyombé de 3189.

N'Chomi, crique à l'ouest du bras principal de l'Ogôoué. 2792.

N'Chongoué-Nchiné, lagune du Fernand Vaz. H ; N'chongouen-N'chiné. 2792 ; N'Tchongo-Nchiné. 3189.

N'Cinco, affluent de gauche du N'coni. H.

N'Cogou, île en face d'Alégoma. 2793.

N'Cola, affluent de l'Orango-Ouango. 2793.

N'Coma, v. Coubié.

*N'Comi, canal de l'Ogôoué ou Mexias. 2792. H. Rembo-Comi et Animba de 3189.

*Ncoui, rivière, affluent de droite de l'Ogôoué supérieur. B. H. M.

N'Coubié, v. Coubié.

N'Coni-Gondjo, grande île du delta. 2792 ; sans nom sur 3189 et sur S.

*N'Coni-Gondjo, rivière qui entoure l'île ci-dessus. 2792 ; N'Coui-Gondjo de 3189. Goungogio de S. Sincondja de B.

N'dadio, village en amont d'Apingis. D ; Madadio de B.

N'dadio, village en amont de Lopé ; écrit par D. Endadio (le même nom que le précédent, doit être écrit de même, à ce que je crois.)

N'daïssa (village de), en aval de Madiville. M.

Ndambo (ancien village de), près Apingis. D.

N'dambo, village de Schaké et de Moschébos, en aval de Boundji. M.

N'dambo, v. Dambo.

N'dambo, village à l'ouest du lac Azengé. S ; Ndembo, du récit de Griffon du Bellay.

N'démé (village de), village de Bangoué-Sjaké, en aval de Boundji. M.
N'démé, deux localités très voisines en aval de Samquita, marquées par D., avec un point d'interrogation.
N'démé (village de), en aval de Madiville. M.
Ndiai, village au sud du confluent du Sebé. H; est très voisin du Livouandji de M.
* N'dinghé, montagne au nord-ouest d'Apingis. D.
Ndjiondo, village sur l'Ivindo? R.
N'djolé, v. Njolé.
N'dolo (village de), en amont de la rivière Djilo. M.
N'domba v. N'Douba.
N'Dongo ou Ndoungou, village du chef des Okotas Edibé, en amont de Njolé. W. D. Edibé de C. et H.
N'dongo, île de Ndongo, en amont de Njolé, avec le village du même nom. B.
N'douba, village du delta, en amont de Ningué-Saka. 2793. N'domba de A.
* N'douga, village en amont d'Azintongo, dans l'intérieur. H. 2793. D. C'est celui appelé Ndougo dans A, et où était venu se fixer N'coni, le chef de Dambo-N'dougo.
* N'douma, village de Pahouins, au nord du lac Azingo. 2793.
N'doumba (village de), en aval de Madiville. M.
N'doré-Kourou, pointe sur le Npoulounié. 2792.
N'Gabo (village de), en aval de Madiville. M.
N'Gadi (village de), rive gauche du Liboumbi. M.
* N'Gadi, village, rive droite du Liboumbi, en amont du précédent, par 1° 47' 36" latitude sud (observée) et 10° 49' 32" de longitude est (déduite). M.
Ng'agna, rapides en aval d'Apingis. D; grand rapide du Ngana. B.
Ngagna, v. Bangagna.
* N'Gaga, pointe à l'est du cap Lopez. 2792.
Ngalaca (ancien village), au sud de Franceville. H.
Ngalaca (nouveau), au sud-est du précédent. H.
N'Gana, v. N'Gagna.
N'Gankoso, village près du Nconi. R.
* Ngaya, village sur la route de Franceville à l'Alima, par 1° 35' 40" de latitude sud, R ; très près de l'Olenda de M.
Ngheiam, village en aval de Njolé. H.
Ngélé, village près de la Passa, H.

*Nghémé (village de), près Madiville, par 10° 23' 50" de latitude sud.
B. M. H.

Nghékedé, rapides en amont du confluent de l'Ivindo. D.

*Ngia, village par 1° 29' 30" de latitude sud et 11° 37' 15" de longitude est. R.

Ngiagali, village à l'est de Franceville. H.

Ngia-Micoum, en face le confluent du Djilo. H.

Ngiabiki, v. Nguiabiki.

N'gobema (village de), en amont de Boundji. M.

N'gobo, village près de l'Ofôoué. D.

N'gogo, ile de la carte de C. H; peut-être la même que le rapide N'Gagna.

N'gola, v. Nquola.

N'gomo, bras qui fait communiquer l'Ogôoué avec le Zonengué. S. A. 2793. B ; rivière et village. D.

N'Gondé, village en amont d'Apingis. D.

Ngondé, village en amont du confluent de l'Ivindo. D.

N'Gongo (village de), en aval de Madiville. M.

N'Gouamba (village de), en amont de Madiville. M.

N'Gouamlaka, village en amont de Samquita. D. Augolaké. B.

N'Gouassa, village en amont de Njolé. D.

N'Gouay, v. Ngounié.

N'Goubou, v. Ngouboué.

N'Gouboué, ile en amont d'Azintongo; 2792. N'gou-Boué, de 3189. N'Goubou (ou ile des hippopotames) de D; iles Pongui de S.

*N'Gouboué, rivière qui débouche en face de l'ile du même nom. 2792. H.

N'Gouedjan, village en amont d'Apingis. D.

N'Gouéviri, crique du delta. 2792. Towairi de S.

N'Gouézé, pointe dans la baie de Nazaré. 2792. H. B; pointe Wèzé de 3189; rivière Wézi de S.

N'Goumba, affluent du Vinoué. 2793.

N'Goumba, affluent du lac Azingo, à l'est. 2793.

*N'Goumbi, village près d'Orovi. A. 2793. B. D. Goumbi de S.

N'Goumo, dans le récit de S, pour Ngomo.

N'Goundja (village de), à l'est de Franceville. M.

*N'Gounié, affluent de l'Ogôoué. W. A. 2793. B. D. Ngouay de Du Chaillu. Ngouniay de S.

N'Gowa ou Venoué, bras du delta. 2792; le *Gowai* de S, à peu près à la place où est l'*Ombi* de D.

N'Gozo, îlot près de l'île Oménó. B. D. Gozo C.
N'Guiabiki (ancien village), au nord-est de Brazzeville. M. Ngiabiki de H.
N'Guezo, affluent du Vinoué. 2793.
N'Guimi (village de), au nord-est de Franceville. M. Nghimi de H. Ngimi de R.
N'Hébé, île marquée sur la carte de C.
N'Kogo, rivière en aval de Samquita. W. Cogé de D.
*N'Roumou-Nabouali, montagnes à l'est du Ngounié. Du Chaillu.
Niamasu, v. Niamanatchoué.
*Niamanatchoué (village de), au nord-est de Franceville. M. Niamalatchué de R. Niamanasu de H.
Niamba, district de l'Okanda. B.
Niamba (village de), en amont de Madiville, jadis un peu plus au nord. M.
Niando, village en aval de Recoangué. S. (Niando, dans le récit de Griffon du Bellay, est très probablement le même que Niango.)
*Niango, village par 1° 9' 0" latitude sud et 7° 3' 0" longitude est. A. H; probablement le Niando de S; n'est marqué sur aucune des cartes 2792. 3189. D, etc.
*Niembouai, village par 1° 58' 54" de latitude sud et 9° 36' 38" de longitude est. Du Chaillu.
Niembouai-Olomba, montagne; 1883 m. d'altitude. Du Chaillu.
Nigonenga, île du lac Zonengué. H. Duboc.
*Ningoué, affluent de gauche de l'Ogôoué, en amont d'Apingis. C. H. B. D.
Ningué, village d'Ouroungous, sur la rivière Goumbo. 2793.
Ningué, île de la baie de Nazaré. 2792. 3189. Ningoué de A. Ningu de S.
Ningué-Azanghi, v. Azanghé.
*Ningué-Nioua, village d'Ivilis, sur le Goumbo. 2793.
*Ningué-Saka, île du delta (île des esclaves). A. 2793. D. Mangasaka de S.
*Ningué-Sika, île en amont de Zoracotcho. D. Ningué-Saka. B. L. Ningué-Lica de H.
Ningué-Sika, village près Bôoué. D.
Ningui, v. Ningué.
Ningui, bras du delta près de l'île Ningué. S.
*Nion, lac à l'ouest du Goumbo. 2793.
*Nion, village de Pahouins, sur le Goumbo. 2793.

Niondo, v. Niando.
Nioné, v. Nionné.
*Niongé, lac au sud d'Achouka, communique avec l'Ogôoué. S. Duboc.
Niongé, îles dans la partie supérieure du delta. 2793. D.
Nionghé, village en amont d'Alegoma. D ; ce pourrait être le village de Mingoué, tirant son nom de la pointe voisine.
Nionié, v. Nionné.
Nionné, bras du delta et île du delta, S ; île Ni : nié et rivière Nioné de 2792 ; île Nionié de 3189.
*N'Jalé, village au sud du Mexias. 2792. N'Tayalé de 3189.
N'Jayolé (village de), sur le Duélé Douya. M.
N'Jéjé, canal de l'Ogôoué, en aval de Bôoué. D.
N'Jemba, village dans la partie supérieure du delta. D.
N'Jolé, île. B. D. Djolé. H.
N'Jolé, poste français près de l'île, par 0° 7' 40 de latitude sud et 8° 25' 45' de longitude est. R.
N'Joumbay, sur le Béné. H. Duboc.
N'Manga, affluent du Lemonto. 2793.
Noélé, village au sud de l'Ogôoué, en aval de Bôoué. H.
N'Omba-Rigoubou, village à l'ouest d'Olenda. Du Chaillu.
Nongé-to-Ronga, une des îles Sangaladi. D.
*Numba-S'-Avanga, montagnes du pays d'Avanga. 2793.
*Noumbi, rivière du delta. 2792. Ombi de 3189. Mombi de S. V : Ombi.
*N'Péré, lac au sud du Bango. 2792.
*N'Poulounié, bras de l'Ogôoué. Du Chaillu. 2792. 3189, etc.
*N'Quola, village du delta. 3189. N'Gola de B; presque à la même place que le Binda de 2792.
*N'Schando, hauteur au sud d'Olenda, 636 m.. Du Chaillu.
N'tambi, village en aval de Samquita. D. H. N'Tambi, nom du chef. B.
Ntongo-M'binda, collines sur le côté ouest du Ngounié. W.
Ntounga-Giba, village en aval de Samquita. D.
Ntschiélé, village près des sources de l'Ogôoué. R.
N'Voma, affluent du lac Azingo. 2793.
*N'yongo (village de), dans la vallée supérieure du Licoco, par 2°3'58' latitude sud. M.

O

Obama (village d'), sur le Liboumbi. M.

* Obanda (Zambalica), village de la partie supérieure du delta. D. Obando de 2793.
Obando, v. Obanda.
Obando, v. Bango.
Obando, bois à l'est du Nconi. M.
* Obando, village sur le Bando. 2792; marqué sans dénomination, 3189.
* Obangha, affluent de la rive droite en amont de Samquita. D. Etanga de H; rivière qui traverse le lac Oranga; Genoyer. Oranga de W. Libanga de B. C., le marque comme affluent de gauche.
Obendja (village de), près du Duélé Nconi, par environ 1° 33′ 50″ de latitude sud, et 11° 48′ 30″ de longitude est. M. près du Ngaya de R.
* Obini, village sur le Leoub. H. Obimi. R.
Obindji (village du chef Bakalais), mentionné par W. comme étant par 0° 10′ de latitude sud, et 9° 46′ de latitude est, à trois jours de marche du confluent du Bogoé et du Como; ne se retrouve pas sur les cartes postérieures, à moins que ce ne soit le village du chef Ondenghé, de Duboc, ce qui paraît peu vraisemblable.
* Obombi, montagne appelée aussi Yaté, entre Lopé et Apingis. C. D. H.
Obongo, rapide en amont d'Apingis. D.
Ochamiquite, v. Samquita.
* Ochanga, îles près d'Obombi. D.
Oconbi, village près du Léba. H.
Ocongo, v. Kongoué.
* Odiganga, affluent de droite du Ngounié. Du Chaillu.
Odioubega, île indiquée par S, en face d'Orovi. Parait-être la même que Yombé-Gnococa.
Ofemba, village sur le Nconi. H.
* Ofòoué, affluent de gauche de l'Ogòoué. C. B. D.
Ogalé, village près de Zoracotcho. Duboc; probab'ement l'Ozalé-bai de W.
Ogangi, grand rapide en aval de Bòoué. D.
Ogawé, v. Oguemouen.
Oghila, village dans la partie supérieure du delta. D.
Ogololé, bras du delta. 2792. 3189. H.
Ogomba, rapides en amont d'Apingis. C.
Ogongo, nom porté comme celui d'un pays, à l'ouest du Zonengué. D.
Ogòoué, pointe dans la partie supérieure du delta. 2793. D. H. Duboc.
* Ogougavizza, v. Oujougavizza.
* Ogoulou, affluent de droite du Ngounié. D.

Ogoumon-gianė, île du Bango. 2792.
* **Oguemouen**, lac communiquant avec le Zonengué. H. Duboc. Ogawé de S.
Oiondo, v. Langle (de).
Ojounoun-Dionla, rivière du delta, affluent du Nconi. 2792. Ojonguo N'Dionla de 3189.
* **Okanda** (porte de l'), défilé près de Lopé. C. B. D.
Okanha, village près du Nconi. R.
* **Okano**, montagne en amont de Njolé. D. Voir Kongoué.
Okano, montagne en aval de Booué, v. Kano.
Okano, v. Okono.
Okéko, v. Mokéko.
Okondjia, village sur le Sébé. R.
* **Okono**, affluent de droite, en amont de Njolé. B. C. H. Okano de D.
* **Okotas** (mont des), en amont de Njolé. D. M^{ts} Okota de C. et H.
Okumantchino, village sur l'Ivindo. R.
Olabaghila ou **Reliva**, village dans la partie supérieure du delta. D.
* **Olako**, village de la vallée de l'Odiganga. Du Chaillu.
* **Olamba**, village de Galoi sur le Orembo-Ouango. 2793.
Olandi, village en aval de Samquita. D.
* **Olendé** (village de), par 1° 41' 12" de latitude sud et 10° 52' 32" longitude est (déduite). M.
Olendé (nouveau village de), à l'est de Franceville. M. Olendé. H.
Olenghé, canal de l'Ogôoué en amont de Njolé. D. Otenghé de B.
Olindé, île en amont d'Azintongo. 2792. B. Olindi de S.
Olindi, v. Olinde.
* **Olobi**, rivière en aval de Samquita. D.
Ombi, rivière du delta 3189. D. marquée à peu près en face de Noumbi de 2792, à la place de la rivière Ngowa?
* **Omėné**, île en amont de Njolé. D. Éménié de B. et C.
* **Onakandé**, rivière du delta. 3189. D. Ouakandé de C. 2792.
Onanga, v. Zonengué.
* **Onango**, nom du Ngounié supérieur. Du Chaillu.
Onemba, village sur l'Ogôoué, en aval des chutes Poubara. H.
Onédé, v. Ndémé.
* **Oniatchischi**, village près du Sébé. R.
Opendé (village de), au sud de la rivière Ampo. M.
Oponchausa, village en amont de Samquita. D.

* **Orango-Ouango**, rivière dans la partie supérieure du delta. 2793.
Orimbo-Gangué, v. Gongoué.
Orio, poste de douane. R. le même que le village du Pilote.
Oronga, village dans la partie supérieure du delta. 2793. D. Ozonga de S.
* **Orongo**, lac au sud-ouest de l'Azingo. 2793.
Orongo, village à un quart de lieue de l'Ogôoué, vu par S.
* **Orovi**, village par 1° 2' de latitude sud et 7° 31' de longitude est (Aymes). 2793. H. et carte du Congo français de Rouvier. Ouroubi de S.
Oroyoumba, v. Anounja.
Osangé, île en aval de Njolé. W, probablement Missanga. V. ce mot.
Osisi, village près de la ligne de faîte entre l'Ogôoué et le Congo. M.
* **Ossonghi**, montagne de la rive gauche, en aval d'Apingis. D.
Oudenghé, (village du chef.) Duboc. V. Obindji.
Otanda, montagne à l'est du lac Azingo. D.
Otchanga, l'île marquée de ce nom sur la carte de C. est Missanga.
Otchanga, v. Ochanga.
* **Otombi**, montagne sur la rive droite en aval d'Apingis. W. C. B. D.
Ouandé, affluent du Goumbo. 2793.
Ouango, v. Bango.
* **Ouano**, affluent de droite du Ngounié. Du Chaillu.
Ouarangoï (village de), en amont de la chute de Doumé. M.
* **Ouinia**, village sur le Bango, chef Rivoumé, 2792, est très probablement le village Mindé de 3189.
Oujougavizza, bras du delta, partie supérieure. B. D. Ogougavizza de 2793.
Ouodi, village de Moschébos, en aval de Boundji. M.
Ouréga, rivière du delta en amont d'Azintongo. S. 2792. D. Ourégé de H.
Ouriria, île en aval d'Alegoma. 2792.
Ouroubi, v. Orovi.
Ourounga, île du delta. S.
Outodi (village de), en aval de Madiville. M.
Ovanga, v. Obanga.
Ovato, affluent de gauche de l'Ogôoué, en amont de Njolé. D.
* **Ovigi**, affluent du Ngounié, rive gauche. Du Chaillu.
Ozalé (baie), v. Ogalé.

Ozegacotcho, nom de la pointe en face l'île Zaracotcho. Duboc. pointe Cotcho de 2793.
Ozonga, v. Oronga.

P

Padi (village de), deux villages en aval de Doumé. M.
Paga, rivière près l'embouchure. S.
Pamouala, village du delta, partie supérieure. D.
Paré, v. Bóoué.
* **Passa**, affluent de droite de l'Ogôoué supérieur. B. M.
Pavaria, rivière du delta. S. 2792. D.
Pavaria, île du delta entourée par la rivière du même nom. S. (à moins que ce ne soit l'île Pavaria ou des Morts, très mal placée.)
* **Pavaria** ou île des morts, à l'embouchure. 2792. 3189.
Penda (village de), en aval de Madiville. M.
* **Pilote** (village du), à l'embouchure du Fernand Vaz. 3189; village de la rivière ou du pilote John de 2792. Orio de R.
Pindo, village du delta, près de Pongoué. D.
Pirra (village de), en amont de Madiville. M. avec le village Youngou.
* **Pocongionga**, affluent de rive gauche, en aval de Njolé. D.
Pocongionga, pointe en aval de Njolé. D.
Pocongionga, village. H.
Pongio, v. Pongooué.
Pongo (village de), à l'ouest de Franceville. M.
Pongooué, bras du delta. D. Fongio de S. 2792. Rembo Ouengo ou Pongoué de 3189.
* **Poubara**, chutes sur le haut Ogôoué. H. M. Poubara ou Machogo de B.
Poungui, v. N'Gouboué.
Pozo, île en amont d'Obombi. D.
Prince (baie du), à l'est du cap Lopez. 2792. 3189.
Prince (banc du), à l'est du cap Lopez. 2792. 3189.
Pungi, village au sud-est de Franceville. H.

Q

Quayambi, montagne dans le bassin du Ngounié. Du Chaillu.
Quilio (îles du), nom donné en l'honneur de l'amiral du Quilio, à trois îles en aval de Samquita. Duboc.

R

Raioula, affluent de gauche de la Passa. H.
Reboua, village d'Adjumba, sur le Orango-Ouango. 2793. Parait placé sur l'Ogôoué dans la carte du Congo français de Rouvier, et est peut-être le même que Aregoma de D.
Recongoué, île en amont d'Azintongo. D. Reco-Angué de S. Areco-Angué de 2792. Reco-Ongué de 3189.
Rembo, mot qui signifie rivière, précède le nom de beaucoup de rivières et souvent aussi est marqué sur les cartes seul, comme un nom propre.
Rembo-Ouengo ou Pongooué, v. Pongooué.
Renokè, v. Lambaréné.
Répandi, affluent du Jombé. 2792.
*__Revouanani__, village de la partie supérieure du delta. 2792. Duboc. H.; à la place où D. marque Nanipo. (Revoua pourrait être un nom commun de l'idiome des Adyumbas signifiant village ou quelque chose de tel.)
Rivière (village de la), v. Pilote (village du).
*__Rogué__, lac qui communique avec le Goumbo. 2793.

S

*__Sabendja__ (village de), par 735 m. d'altitude, parait-être sur le faite entre le Licoco et le Luété. M.
Salamatanga, rapide en amont d'Obombi. D.
Samba (pierres de), en amont d'Apingis. D. Pierres fétiches de Sambo C. Pierres fétiches de Samba. B.
*__Samba__, chutes du Ngounié par 0° 59' de latitude sud et 9° 45' de longitude est. W.
Samba-Nagoschi. v. Nagoschi (le mot Samba, signifiant chute, nous écrivons chute Nagoschi, et non chute Samba Nagoschi, comme Du Chaillu).
Sambo, v. Samba.
Sambo, village en amont de Samquita, marqué avec un point? D.
Sambokit village en aval d'Apingis. D.
*__Samouè-Dembo__, (village de) sur le Ngounié. Duboc.
Sampazza, île du delta. 2792. D. Iampaza de S.
*__Samquita__, village entre Njolé et Alegoma. C. Samkita B. Ochami-quité ou Samquita de Duboc; ancien Samquita. D.
*__Sangaladi__, îles en amont de Njolé ou Issangaladi. W. D.

*Sangatanga, collines à l'est de la baie de Nazaré. 2792. 3189, etc.
Santi, village à quelque distance de Zoracotcho. Duboc. Saouti de D.
*Sébé, affluent de droite de l'Ogôoué supérieur. B. M. appelé aussi Shébé.
Sémé, village en amont de Samquita. D. Issémé de B.
Sénébagoyo, village en amont de Njolé. D.
*Sengué-Sengué, rapides en amont de Booué. H. D.
Séranga, îles dans la partie supérieure du delta. 2793. Serangua. D.
*Silili (village de), près du confluent du Liboumbi. M.
Simba (village de), à l'est de Franceville. M.
Sinconja et Sinconjo, v. N'Coni-Kondjo.
Songué-Nenié, île du Bango. 2792.
Saracotcho, v. Zaracotcho.
Soubaga, rivière qui se jette au nord-ouest du lac Azingo. 2793.
Souria (village de), delta en face l'île Ningué Saka. D.

T

Tabidica, village à l'est de Franceville. H.
*Talagouga, roche en aval de Njolé. D. Télagokéka de C.
Talisman (banc du), au sud-est du cap Lopez. 2792. 3189.
*Tanda, village de Pahouins sur l'Adyumba. 2793.
Tazié, pointe en amont du confluent du Ngounié. 2793.
*Tazié, île un peu au nord de la pointe du même nom. 2793. Duboc. D.
Tchéfossé, village en aval d'Apingis. D.
Tcongonoué, v. Icongonoué.
Telagokéka, v. Talagouga.
Tengueriak, village sur le Banga, carte de Kerlanguy, d'après Génoyer.
Ténié, bras entre l'Ogôoué et le Bango. S. Gongoni du récit de Griffon du Bellay.
Téritché, île marquée sur la carte de C. en amont d'Apingis, île Teritché ou Tchetché de B., Jeritché de H., Tetché de D.
Tidia, rivière marquée par S. comme affluent du Bango.
Togi (village de), au nord de Franceville. M.
Tongotioto, v. Counjo-Tchoutchio.
Tongou (village de), en aval de Madiville. M.
Toudii, bras en amont de Ningué Saka. S. paraît être le même que Igouiguina.

Toungou (village de), en amont de Bourdji. M.
Toungoulati, pointe dans la partie supérieure du delta. 2793. Toungoumlarta de D.
Towaïai, v. N'Gouéviri.

U

Umbiano, village dans la partie supérieure du delta. D; voir N'Biagano.
Combo, village sur l'Ivindo? R.

V

Vaté, v. Lélédi.
Veningoua, île du Jombé. 2792.
Vilama, village en amont de N'jolé. D.
Voté, v. Lélédi.
Vonga, H, à la place d'Aïenano.

W

* Walker, îles en amont d'Alegoma. 2793. D. Duboc; Aymes en 1867 les appelle N'Conjoué.
Wézi, rivière au nord-est de la baie de Nazaré. S. Wézé de 3189; débouche près de la pointe N'Gouézé de 2792.
Wizanga, Eliva, v. Izanga.
Woudo-Makaka, villages entre le Rhamboé et l'Ogôoué. S.

Y

Yamenbingoné N'djoungui (village de), en amont de Madiville. M.
Yaulinbunga, nom donné par W., à un village des Yalimbongos.
Yandja (village de), en amont de Madiville. M.
Yanga (village de), rive gauche du Liboumbi. M.
Yapa, colline déboisée, en aval de Booué, rive gauche. D.
Yaté Ningué, île en aval de Lopé. D.
Yaté, monts, v. Obombi.
Yémé, rivière, bras oriental du Zonengué. Duboc.
Yémé, pic voisin d'Otombi. C.
Yengalomi, crique, rive gauche, en amont de Sampuita. H.
* Yengoué, village par 2° 49' de latitude sud. Du Chaillu.
* Yolé, rivière, affluent de droite de l'Ogôoué, en amont de Doumé. M. Yolo de H.
Yombé, v. Akambé.
Yombé Gnocoça, île en amont de Ningué Saka. 2793. D.

Yonda, village en aval de Lopé. D.
Yooua, village, partie supérieure du delta. D.
* Youbi (village de), au sud du Liboumbi, par 1° 53′ 58″ de latitude sud (observée) et 10° 49′ 52″ de longitude est (déduite). M.
Youngou (village de), en amont de Madiville. M. avec le village de Pirra.
Yumbé, v. Jombé.

Z

Zabouré (village et île du chef), en amont de la rivière Djilo. B. M. H.
Zalacone, mot qui veut dire je ne sais pas, laissé par B. à un village de Pahouins, en amont de l'Ivindo.
* Zenden (village de), village de Pahouins, au nord-est du lac Azingo. 2793.
* Zilé, lac au sud d'Alegoma, visité par A. 2793. B. D.
* Zonengué, lac. B. C. D. W. Ionanga de S. Z'onangha de B; etc.
* Zoracotcho, île par 0° 27′ de latitude sud et 8° 16′ de longitude est. A. 2793. Zorokotyo de W., Zaracotcho de D.
Zouameion, village en amont de Njolé. D.

On voit, par les deux listes ci-dessus, combien la nomenclature géographique de la région de l'Ogôoué est encore mal fixée; pour la rendre rationelle et définitive, il faudrait une étude sur les lieux et la connaissance des dialectes mpongoué, benga, bakalai et pahouin. Aussi, ne pouvant nous livrer à une telle étude, nous nous bornerons à quelques observations d'ensemble au sujet de la liste B.

1° La nomenclature est généralement très pauvre : les mêmes noms se retrouvent en plusieurs endroits, tantôt absolument identiques, tantôt avec de simples différences dialectales; il en est ainsi pour l'appellation Nengué. Ce mot qui veut dire « île » est très commun; nous le trouvons appliqué à une île de la baie de Nazaré, ainsi qu'à un village de la rivière Gombo; il paraît même être le nom d'un affluent de l'Ogôoué, du Ningoué. Les mots Nengui, Niongé, Nionghé, Nionné, Zonengué et sans doute beaucoup d'autres, que notre ignorance de la langue pongoué nous empêche de mentionner, en sont dérivés. Jusqu'à trois îles différentes portent exactement le même nom: Ningué-Saka, Ningué-Sika, c'est-à-dire île des esclaves.

2° Dans la région de l'Ogôoué, en aval du confluent de l'Ivindo, les villages ont ordinairement un nom qui leur est propre, tandis qu'en amont ils sont désignés presque toujours par le nom des chefs. Cette règle, qui nous paraît ressortir de l'étude des documents, souffre cependant un certain nombre d'exceptions. Nous avons, autant qu'il nous a été possible, distingué les villages pour lesquels nous ne connaissons que le nom du chef en mettant entre parenthèses la mention (village de), mais notre index ne peut être qu'un essai de ce genre, par suite erroné sur plus d'un point.

3° Des villages indiqués au même endroit sur diverses cartes portent des noms absolument différents. Je citerai deux cas de divergence remarquables. — La carte 2792 marque un village Binda à peu près par 1° de latitude, sur le bras principal du delta, un peu au nord de son confluent avec le Noumbi. Ce nom ne se retrouve pas sur les autres cartes, mais à peu près à la même place on voit le village N'Gola ou Ngola ou Angola. Sont-ce deux villages différents ou bien est-ce le même? impossible de le savoir à distance. — Dans la partie supérieure du delta, en aval de l'île Azengué, la nomenclature de la carte 2793 et celle de M. Dutreuil de Rhins sont complètement dissemblables. La première, deux fois moins riche que la seconde, n'a pas un seul de ses noms qui se retrouve dans l'autre. On se figure facilement combien dans ces conditions l'étude de la géographie demeure incertaine.

4° Plusieurs noms de villages signalés par des voyageurs anciens ont disparu des cartes les plus récentes. Les villages ont-ils été abandonnés? on l'ignore; or il semble que l'exploration scientifique de l'Ogôoué devant bientôt commencer, il y aurait un intérêt sérieux à ce que les voyageurs pussent préparer leurs voyages au moyen des cartes et sans s'exposer au grave mécompte de trouver un désert là où ils croyaient exister des populations et inversement.

5° Enfin il serait utile qu'un mode de transcription basé

sur l'audition et d'après des règles fixes, fut adopté. On éviterait ainsi ces variantes innombrables qui nuisent tant à l'étude géographique. Nous avons, pour notre part, adopté le plus souvent la forme donnée par plusieurs voyageurs de préférence à celle qui ne résulte que d'une seule autorité. Mais les voyageurs se copient assez souvent l'un l'autre, et la pratique à laquelle nous avons dû nous tenir ne peut être que tout à fait provisoire.

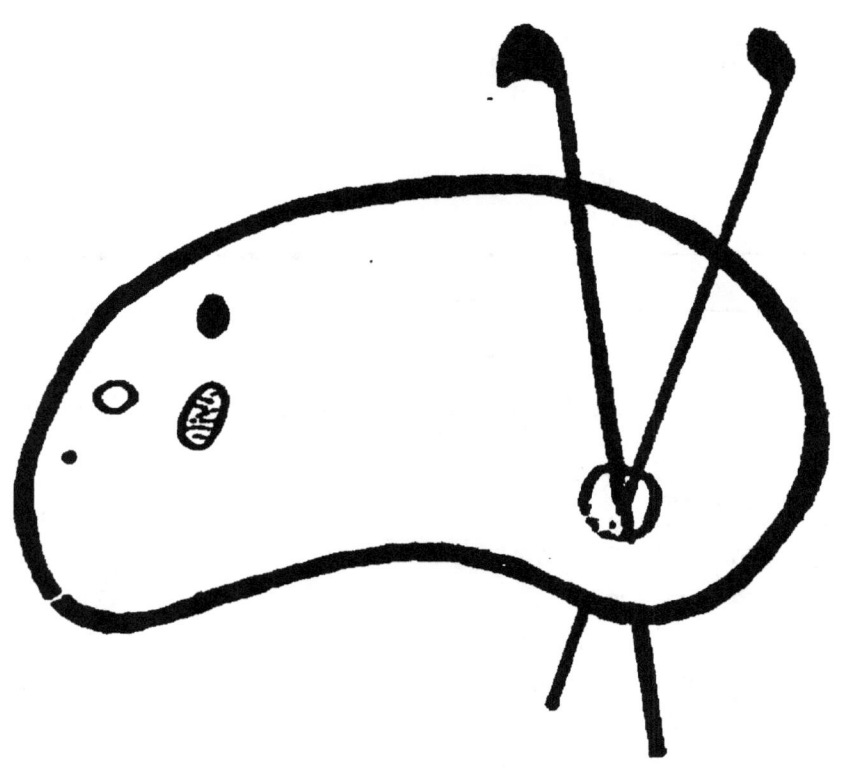

ORIGINAL EN COULEUR
NF Z 43-120-8

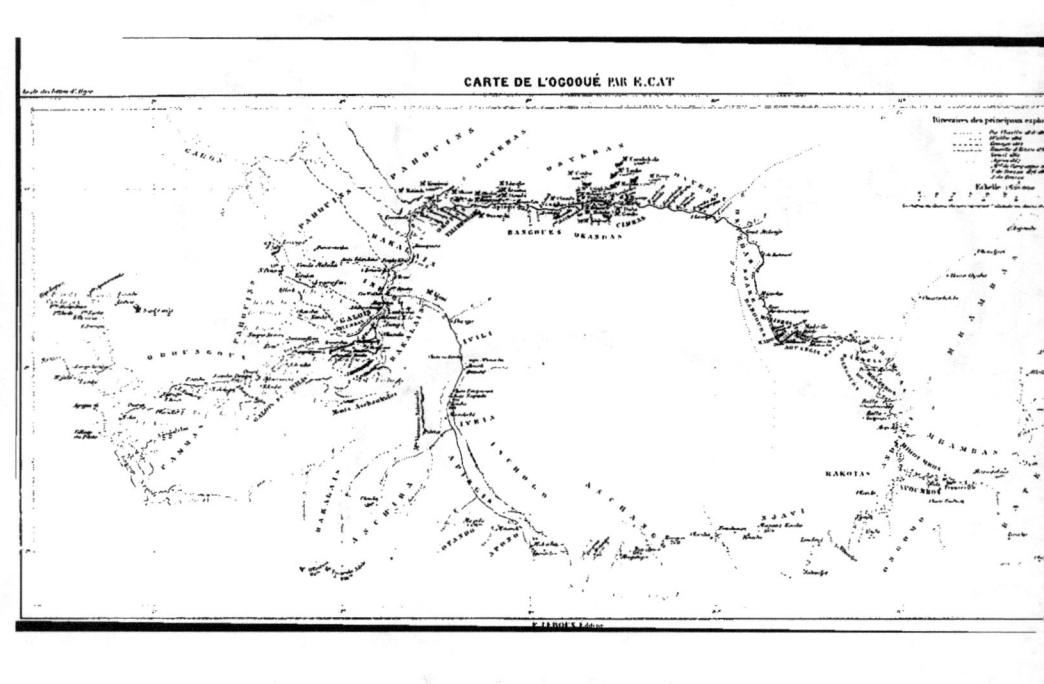

www.ingramcontent.com/pod-product-compliance
Lightning Source LLC
LaVergne TN
LVHW052059090426
835512LV00036B/2273